読みなおす日本史

気候地名をさぐる

吉野正敏

吉川弘文館

目　次

3章　外国の地名と気候……九一

序章　わたくしの気候地名

私の大学生時代は、第二次世界大戦直後の一九四八年から始まった。戦前の名著が、悪い紙質でやっと増刷されだしたころである。東京の渋谷の大盛堂も道玄坂下にあったが、棚にはほとんど本が並んでいなかったことを想いだす。売る本がなかったのである。足しげく本屋にかよい、一冊、二冊と運よく棚に何かをみつけたら買うという時代であった。

そのようにして買った本の一冊に、福井英一郎の『気候学』（昭和一三年初版）があった。手にとり、「これはおもしろそうだ」と思った。また、柳田国男の『地名の研究』もその一冊である。

「もし、そのころ、これらの本を本屋でみつけなかったら、いま私はどうなっていたか」と思うことがある。しかし、〝偶然みつけ〟て、手にし、読んだのではなく、〝必然〟がなにかしらあったと私は考えている。

旧制高校時代は大戦が終わった直後から一九四八年の三月までだったが、食べるものはなく、戦争中よりひどい生活状態だった。楽しかるべき旧制高校時代は、肉体的にも精神的にも悲惨のうちに過ぎたので、気候だの、地名だのの学問的な背景は何ひとつ思い出せない。右に書いた書物を〝読んだ〟のが、かすかな痕跡といえよう。

それに、旧制高校から大学の一九四〇年代末、私は音楽の評論か、作曲で身を立てたいと考えていた。その当時、クラシック音楽の評論や作曲だけでは生活できないので、〝地理学科を出て先生にでもなって、生きるだけの月給はもらう。そして、作曲をやろう……〟という計画であった。事実、その当時の作曲家と評論家には、物理学や農芸化学などをでて、第一線の仕事をしながら……という人たちがいた。

私の音楽の先生は守田正義という。作曲家の守田先生は、戦前の三笠書房の『唯物論全書』の一冊に「音楽論」を書いたほどの理論家で、思想家でもある。そのせいもあり、小手先の作曲技法でなく、作曲の真髄を教わることができた。

私は大学の地理学科に入った。受験勉強をもっともやらなくてすむ学科だったし、入学できれば、好きな旅行はできるだろうし、そうなれば作曲の取材旅行を兼ねることもできるだろうし……というような単純な理由だった。

大学に入っても一年生のときはほとんど講義にでなかった。単位はとれず、先生の方が心配した。当の本人は作曲法の勉強で忙しかったのだ。そのころ、理論ではシンフォニーのアナリーゼ、作曲法では二声の対位法くらいまで進んでいた。

とくに、守田先生のやり方は徹底的なアナリーゼであった。分析・分析で、これが構成の基本につながるのだという考えであった。芸術でも学問でも構想力がもっとも大切だと、毎回私に力説した。作曲とは英語でコンポジションという。ところが、〝コンポジションという語は構成のことでもある〟と私が気がついたのは、恥ずかしいことながら、つい最近である。

さて、そうこうしているうちに、戦後の食糧事情のための栄養失調が原因か、ピアノを一～二時間も弾いていると微熱がでるようになった。結核と診断されたわけではないが、音楽理論や作曲の勉強は〝休学〟せざるをえなくなった。大学の方は時がくれば卒業論文をまとめねばならない。こちらは待ったなしだからやらねばならない。メシのタネが優先で、音楽は第二という選択だった。選択の背景には、『気候学』の著者福井英一郎が、はからずも当の大学の専任の教授として、私の目前に現れたこともある。

ずっと後になって、一九八〇年代のいつだったか忘れたが、二〇年来のオーストリアの友人があるときいった。

「オ前は音楽が好きだが、オーストリア人もドイツ人も音楽は好きだ。しかし、オーストリア人とドイツ人の〝音楽好き〟の違いを知っているか」

私は答えにつまった。

「知らんナー」

すると彼はいった。

「オーストリア人は第一に音楽、第二に経済。ドイツ人は第一に経済、第二に音楽ダ。だから、オーストリアはいつまでも貧乏ナンダ。」

彼流に判断すると、さきのわたくしの選択はきわめてドイツ人的だが、大方の日本人も同じと思う。


地理学科では、野外実習とか野外巡検とかよぶ単位旅行が学生に課せられている。一年に一週間は旅行のチャンスがある。卒論のときにも、幾日、野外へ行ったかを教官に聞かれる。そのとき、五万分の一、二万五千分の一などの地図をもってゆく。読図といって、地図は見るモノでなく、読むモノだとたたき込まれる。

私は卒業して大学の助手になったが、助手になってもこういう旅行のチャンスは同じで教授について毎年どこかを旅行した。わが国では「地図は消耗品」というほどで、書物に比較すると価格は安かった。だから、いろいろな地域の地図を手にするチャンスにはめぐまれた。

そして旅先で時間があると、地図の隅から隅まで、気候にかんする地名を拾った。それをカードにしてため込んだので、毎年少しずつ気候地名の例が集まった。

一九五〇年代の後半、千葉徳爾と大学の同じ部屋にいた。同時に助手だったことが、一年くらいの短期間だったが、あったと思う。彼は、『はげ山の研究』など、彼の地理学・民俗学研究がもっとも本領を発揮した時代だった。話がよく合い、自宅にもよく来たし、一九八〇年代になって筑波大学で二人が教授の時代もあった。

よく大学の部屋で話し込んだ。勤務先の大学が違っている時代でも、彼の研究テーマ、方法、関心の持ち方など、〝私の気候地名〟の形成に、間接的ではあるが、強いインパクトを与えた。この千葉徳爾は一九八三年に『新・地名の研究』を刊行した。柳田国男の『地名の研究』以来の好著といわれた。

私の学位論文は、長野県の菅平の小さい谷の風の局地性であった。また狭い地域の中の気候現象をまとめて法則化を試みた『小気候』は一九六一年に刊行した。一九六〇年代の初期までのことは、私の随筆集『ヨーロッパきこう』の中の〝風屋のリレキ書〟としてまとめてある。当然のことながら、そこには気候地名のことはなにもでてこない。

一九六一年の七月から一九六三年の九月まで、私はドイツのボン大学で、アレキサンダー・フォン・フンボルト研究奨学生として過ごした。それが縁で、一九六七年一〇月から一九六八年四月まで、ハイデルベルク大学の客員教授として滞在した。長いドイツの冬であった。

その帰るころ、たしか四月だったか、ハイデルベルクでゾンマーフェスト〔夏祭り〕があった。冬〔白い姿〕と夏〔緑の姿〕の人形の行列がメインストリートのカイザーシュトラーセをねり歩くのだが、冬が去って夏という、春がない季節感の推移にいたく感心した。本書の気候地名の考察で、日本には春と秋が多いのにたいし、ドイツでは冬と夏が多い……などの統計的な解析結果をしめしたのは、この三〇年前に見たハイデルベルクの夏祭りのインパクトだと思う。体験は学問形成の大切な要因だと思う。

一九七〇年代の後半から一九八〇年代は、私の気候地名研究の実質的な進展の時代であった。気候学の図書や文献は筑波大学の地球科学系の図書室で、民俗学や歴史学関係のものは歴史人類学系の図書室で、それに中央図書館は大いに役立った。また、このころ、地球環境問題が大きくなった。

一九五〇年代までは、他のいろいろな学問分野に興味をもち批評する者をディレッタントとよんだ。他の分野に興味をもつことは、ある限度までは広い教養を身にそなえるために必要で、よいことではあるが、限度をこして発言すると、一種の軽蔑の意味をこめて、ディレッタントとよんだ。その最たるものは寺田寅彦であるという批判であった。

ところが、一九七〇年代から一九八〇年代となると〝学際的〟という有難い言葉がはやりだした。ただ、ある一つの分野を細く深く研究するだけでなく、複数の学問分野から研究する必要がさけばれ始めた。とくに地球環境問題は、ゴミの回収からオゾン層の破壊まで、幅広い対象をふくむので、学際的に研究する必要が生じた。

気候地名は、気候学という自然科学と、地名学・民俗学・比較文化学などの人文科学との、まさに多側面から接近しなければならない〝学際的〟なテーマである。だから、気候地名の研究はディレッタントの仕事ではなく、学際的な研究の最先端のひとつ……と少なくとも私は考えている。

寺田寅彦は気候地名については言及しなかったが、一般的にいって、さきの批判はあたらず、彼は、〝学際的研究者のハシリ〟だったと思う。それはともかく、地球環境問題がうるさくなった時代のおかげで、気候地名の研究がやりやすくなったと、私は思う。

私の気候地名の研究で、エポック・メイキングな出来事は後述するように、一九八四年四月二一～二二日に開催された第三回全国地名研究者大会の折、研究発表と討論会に参加したことである。三時間たらずの「気象・災害と地名」と題する会で、四人の発表者の一人に過ぎなかったが、私としては、気候地名研究の出発点に立った記念すべき日であった。日向（ひなた、ひゅうが）、日当（ひあて）、日の平（ひのひら）、日浦（ひうら）、日影・日陰・日隠（ひかげ）などを系統だてて説明した。また、風越峠・風返峠や、風早、風祭、嵐、大嵐、などの風地名、雨晴（あまはらし）、雨引（あまびき）、雨の宮（あめのみや）、雨降山（あふりやま）などの雨地名その他を報告した。日本と中国の気候地名の特徴の差も指摘した。そうして気候地名を分類した。その後一〇年以上を経たが、この分類はほぼそのまま生きており、本書でも根本的には原形のままである。

地名の研究の中で、自然地名の研究例は少ない。自然地名には地形にかんするもの、水にかんするもの、天文にかんするもの、天気にかんするもの、気候にかんするものなど、たくさんある。しかし、このうち、ほとんど研究されていないのが気候地名だったのである。

そのころ、小川豊は災害地名の研究成果を刊行した。右にのべた討論会のときにも、四人のうちの一人として講演したが、これが刺激にもなった。

また、私としては、その討論会のオーガナイザーであった根本順吉に感謝しなければならない。彼とは、一九五九年に〝季節風〟という小冊子――沼田真・倉嶋厚・根本順吉・吉野正敏の四人の共著――をだして以来、学問的同業者の仲だ。いろいろの場で、種々の形でさまざまなテーマについてお世話になったが、〝私の気候地名〟にかんしては、御学友ではなく、結婚仲介者であり、産婆役であり、後見人でもある。

ところが、地球環境問題が急にやかましくなったことが、私個人の気候地名研究にたいしては思いがけない逆風となった。一九八六年から六年間、日本学術会議の会員に選ばれ、地球環境にかんする特別委員会の委員長として、日本の中の地球環境研究の調整・推進ばかりでなく、世界と日本の間を風通しよくするこの分野の研究の窓口の役割も果たさねばならなかった。

たとえば、地球圏・生物圏にかんする国際協同研究の国内委員会の委員長の役は、国外・国内の会議へ出席するための出張旅行の日数だけでも大変だった。私個人の研究のための時間は皆無に近かった。誰にも催促されない〝気候地名〟の研究はアト回しになった。本書の図や原稿の一部は、一〇年以上眠っていたことになる。

しかし、会議につぐ会議の連日の十数年は、データ蓄積にたいしては好期であったとも考えられる。というのは、気候地名研究のように、学問研究の揺籃期には、たくさんの例を集める必要がある。たくさんの散乱しているデータや記述を収集する必要がある。ひとつひとつの収集に時間はかからないが、たくさん集めるには時間がかかる。会議と会議の間のこま切れ時間は、データの収集には有効であった。誰にも催促されない仕事にひたるのは、たとえそれが数分であろうと、数十分であろうと、嬉しいことであった。

たとえば、外国の電話帳から調べた気候氏名のリストアップなど、空港の乗り継ぎ時間を利用した場合がほとんどである。一〜二時間なら空港待合室で居眠りするのもよい。また乗り継ぎのため、ホテルで一泊するとなれば町の見学もできる。しかし、三〜四時間では居眠りには長すぎるし、〝町へタクシーをとばして見物〟には短か過ぎる。したがって、データ収集に使えばよい。空港には電話ボックスがかならずあって電話帳がそなえてある。大きな空港なら、郵便局か電話局がその国全部の電話帳を揃えている。それを見るのは、スリ・置引きにさえ注意すれば、タダである。

ロンドンの電話帳には虹（レインボウ）という氏名はひとつもない。あるのはキャバレーかバーの名である。〝七色の虹のイメージは、イギリスも、日本と同じか……〟などと考えながら、電話帳をめくっていれば、数時間はアッという間に過ぎる。電話帳の他の利用客には迷惑だろうとは思うが。ともかく、私の会議・会議の日々の余暇はこのように利用されて、私の気候地名のデータは増えた。

一九九二年、ドイツのアレキサンダー・フォン・フンボルト研究賞を私はいただいた。その結果、ドイツに毎年一カ月ずつ四回滞在する機会にめぐまれた。ありがたいことだった。気候学の共同研究をするのが主目的であったが、休日にはレンタカーで、気候地名の現地調査にでかけた。

ドイツは道がよいし、道路標識は親切だから、地図であらかじめよく調べておけば、行きつくことはむずかしくはない。しかし、行ってみると、人口は数百人とか、あるいは数十人ではないかと思える小さい集落がほとんどであった。寒村という表現があてはまる場合が多かった。

周囲の地形や土地利用、人びとの生活ぶりなど、実際にみるのは楽しかったが、「時間と金と労力をかけて何でこんなことに興味をもつのか」と自問したことがあったのはたしかである。本書に入れたドイツの写真は、こんな自問はどこへやら、我を忘れて撮影した写真のほんの一部である。

日本の中でも同じである。いま、千葉県の自然誌の中に、気候・気象の巻を準備している。その中に書く気候地名の資料収集のため、日向（ひゅうが）、雨坪（あまつぼ）、北風原（ならいはら）などの現地を訪れた。いくら東京から近い千葉県で、自分が運転する自動車とはいえ、やはり時間と労力は大変である。一枚の写真でも、私にとってはどれも想いがこもっている。

沖縄本島の東風平（こちんだ）と南風原（はえばる）の地名が一枚の道路標示板に入っている写真もそうである。レンタカーで自分が運転し、時間が十分にあるなら、そういう標示板を探しまくることが可能である。しかし、せっかくその標示板を見つけても光のアングルがよいとはかぎらない。明るい空をバックにして逆光では写真にならない。結局、〝また別な時にもう一度……〟ということになる。

南大東島から那覇に来て、東京にもどる予定のあるとき、四時間ほどの待ち時間ができた。例の写真を撮りに行きたいと思い、那覇空港でタクシーに乗り込んだ。

「二～三時間くらい走って、またここへもどってくれ」

運転手はよい観光客にめぐりあったと喜んだ。大体、タクシーにとって、客を乗せて二～三時間も走りつづけ、また出発点にもどってくるほど、うまい話はない。

「どこへ行きますか」

「東風平と南風原の両方の地名が一枚の標示板にでているところへ行ってくれ」

「エッ！」

運転手はバックミラーで私の顔をたしかめた。〝変な客だ……。昼間だからタクシー強盗でもなかろうし……。それに、それほど強くもなさそうだ……。〟これは私の勝手な想像だが、そう思ったに違いない。ソロソロと走りだした車の中で、やっと合点した運転手は、それらしき方向への道をたどった。

またある時は、那覇育ちの那覇きっての文化人であるバー「ボンソワール」のマダムに道案内を頼んだこともある。しかし、このマダムさえ、こういう標示板がどこにあるか、にわかには頭に浮かばず、私よりも案内人の方がハラハラしてレンタカーの助手席に坐っていたのを覚えている。とにかく、愉快な想い出がいくらもある。

さて、話はごく最近になる。かねてから、学生社の鶴岡阷巳会長と〝気候〟と〝地名〟をテーマにした著書の話はできていたが、原稿がまとまると、「本のタイトルはどうしようか」ということになった。会長は〝地名に気候を読む〟を提案した。しかし、私は〝気候地名〟にこだわった。これは地球環境問題にイヤというほどかかわった者にとって、たとえば、〝地球と人間〟というテーマと、〝地球人間〟というテーマは明らかに異なることが、アタマにコビリついているためである。

同じように、〝気候と地名〟の論じる内容と〝気候地名〟のそれとは、はっきり違うのである。〝気候と地名〟の場合には、気候の研究でもなく地名の研究でもなく、その両者の関係を論じるのが目的である。一方、〝気候地名〟の研究の最終目標は地名の研究であって、自然地名の一部の「気候」が表記あるいは内に込められた地名を研究するのが目的である。

気候地名の研究の意義はどこにあるのか。さきに、ドイツのフィールドで自問したことを告白した。しかし、一方では、学際的研究の最先端の課題の一つとものべた。その手前、気候地名研究の意義をまとめておかねばなるまい。ディレッタントや趣味人のお遊びではなく、また、超高齢化社会や、余暇もてあまし社会の救援事業におけるネタ提供でもないことをしめしておきたい。

その一は、気候地名を通じて、その地域の人びとの気候や季節にたいする認識、パーセプションなどの特徴をとらえることができる。

その二は、気候地名は、その地点または小地域の気候特性を表している。いいかえれば、気候がかかわる地域性（ラントシャフトの特性）を、気候地名を通じて把握できる。

その三は、農作業・土地利用・居住環境などと気候や季節との関係は時代によって変化する。古い気候地名は、むかしの状態を知る手がかりとなる。

その四は、気候地名は比較文化論の中でこれまで取りあげられていなかった。しかし、歴史的・文化的に異なる地域ではかなり違った特徴があるので、この解明が急務である。

私の気候地名の研究は、ほんの予察的な段階である。結論をのべるところまでまだ来てはいないが、ひとまずここで現在の状況をまとめ、御教示をえたいと考えている。

本書のそれぞれの章の最後にそのような仮のまとめを行っているが、その二、三の例をあげるとつぎの通りである。

一　気候地名は、もちろん、その地域の気候条件を反映して多く分布する。たとえば、関東地方の例でいうと、茨城県・千葉県には風地名が日射地名より多い。これは冬の季節風が関東平野部で発達するからである。これにたいし、群馬・埼玉の両県の山岳部、長野県・岐阜県では風地名より日照・日射地名が多い。これは山岳地域では小地形による日照・日射条件の差が大きいためである。

二　ある気候現象の限界地域における気候地名。たとえば茨城県では太平洋岸を低気圧が東進するとき、降水現象の限界になることが多いので、雨地名が目だつ。

三　反対の気候現象を希望してつけた気候地名。たとえば、強い風による遭難がないことを祈って、〝風無し〟とつけ、旱ばつのときの雨乞い行事に関連して〝雨降山〟・〝雨降り〟とつけるなど。

四　ドイツでは冬と夏が多く、日本では春と秋をふくむ地名が多い。季節の長短ばかりでなく、季節感覚・生活感情・農作業などの関連の差が考えられる。

五　それぞれの気候要素の出現頻度は国により地域により異なる。日本では風地名、中国では雷地名などに特徴がある。

最初にまとめを読者にしめしてしまっては、本文を読みすすめる興味をなくされてしまうかもしれない。しかし私が集め、分類した各種の気候地名から、読者の皆さんは、また新しい別の意味を読みとってほしい。それが学問の進歩というものだ。

1章　「自然地名」と「気候地名」

自然地名のなかで、地形地名についてはこれまでたくさんの論考があり、体系だった記述もある。また、書物も出版されている。しかし、気候地名や気象地名については、きわめてわずかの記述しかない。むしろ、ほとんどまとまった研究がないといってもさしつかえない。たとえば有名な柳田国男の『地名の研究』には地形にかんする記述は非常に多いが、気候や気象にかんする話はほとんどでてこない。

地名の起源について類型を分類することは柳田国男のほか、吉田東伍や、鏡味完二がそれぞれ行っている。しかし、自然地名として、地形地名だけを取りあげて、気候地名は分類に入っていない。

よく誤解されるが、「気候」と「気象」は同じではない。「気候」とは長い年月についてのある土地の大気の状態で、人間をふくめ動植物の自然環境として重要な要素である。これにたいし、「気象」とはある時刻における大気現象で、天気ともいわれる。地名に関係するのはもちろん前者だから「気候地名」の語を使うことにする。

気候地名について、従来、まったく関心がはらわれなかったわけではない。たとえば、藤岡謙二郎は『日本の地名』の中で、日射や気候関係の地名と題して四頁にわたって日向・日影の地名、あるいは風にかんする地名についてのべている。また、山口恵一郎の『地図と地名』の書物にも二頁にわたる一般的な記述がある。倉嶋厚は、「お天気地名あれこれ」と題して風・雨などの文字がつく地名の例をのべているし、千葉徳爾は伊那谷の日向・日影あるいは白峰の風嵐という地名について書いている。

根本順吉は気象・災害と地名について、かつてシンポジウムで、どうして「気象地名」が少ないかについて論及した。彼は、『気象は動的な過程であるのにたいし、他方、地名は一つの静的なシンボルだから、静的な地形が地名と結びつくのと同じようなわけにはいかないのである』とのべている。しかし、私の考えでは、気象はたしかに時々刻々と変化する大気現象だが、気候はある土地における長年の大気の状態であるから、ある土地に結びついたもので、「気候地名」はやはり存在しうるものである。その証拠には、本書で扱うように、わが国ばかりでなく、外国にもその例はたくさんあり、しかも民族や住んでいる人びとの文化などとも深い関係があって、それぞれ相異点もあるが、共通の表現もある。つまり、ただ「気候地名」の体系的研究がおくれていただけではないかと思われる。

ごく近年になり、松尾俊郎の『地名の探究』は日射や風を例にとって、日本と外国の例をまじえ、気候地名について詳述した。また栃木義正は『北海道集落地名地理』と題する書物で、短いがひとつの章として「気候地名」をまとめた。全巻で三六七頁、そのうち地形地名は一五八頁を占めるのに比較して、気候地名はわずか五頁であるが、気候地名をひとつの章にまとめた唯一の書物である。

近年、広島大学の福岡義隆は気候地名に興味をもち、自らも研究を進め、また、指導した卒業論文もすぐれた成果をあげている。新しい傾向とみられ、私としては嬉しいかぎりである。

本書は、一九八四年四月二一日、川崎市で開催された気象・災害と地名と題する研究報告と討論の席上、根本につづいて行った私の報告から出発して一二年以上を経てやっとこの形にまとめられた。したがって、本書のきっかけは根本順吉に負うもので、ここに深く感謝の意を表したい。

また、前記のように、たとえ断片的ではあっても深い関心をもって、いろいろの記述をのこされた先学の諸氏にも感謝したい。なお、本書では敬称を省略したがお許し願いたい。

本書の写真は四章の15・16は石井実の撮影によるもので、深謝したい。他はすべて筆者が撮影したものである。

2章　日本の地名と気候

一　日本の気候地名の特徴——日と風と雨

まえにのべたように、自然地名の研究はこれまで主として地形にかんするもの、災害にかんするものの研究が主体で、気候にかんする地名の研究はほとんど手がつけられていない。たとえば、藤岡謙二郎の地名にかんする本では「青森県の下北半島の北端に近いところに風間浦があって、これは北風の間に挟まれた静かな浦の意味である」というようなわずかの記述があるのみである。ごく最近の松尾俊郎の『地名の探究』は例外的に気候地名についてくわしく考察し、後で紹介するように、とくに日射や風に関連した地名についてユニークな論述をしている。

そこで、主な気候要素について、その文字が使われている地名を地図からひろうと、表1の通りである。資料が二〇万分の一地勢図だから、字（あざ）とか小字（こあざ）の地名は含まれておらず、山・川などの自然の名と大きな市町村名などが主であることを注意しておきたい。また、文字がこれ

表1　日本の主な気候要素の文字を含む地名の出現頻度

	気候要素	出現頻度
日射に関するもの	日	一二四一カ所
	影	九五
	隠	四四
	陽	三九
	陰	二三
風に関するもの	風	二一四
	吹	一三九
	嵐（あらし）	三三
	颪（おろし）	四
降水に関するもの	雲	一二五
	雨	一一九
	霧	四四
	雪	四〇
	雷	三八
地表付近の現象に関するもの	露	二五
	霞	一七
	霜	九

らの気候要素の文字であっても、かつて柳田国男が「風戸（ふっと）」について論じた通り、これがフトの関東の促音というような場合もあるので注意を要する。

この表1を見ると**日**という文字がつくのはケタはずれに多いことがわかる。そもそもわが国の名称からして〝日本〟であるが、日向・日浦（日ノ浦）・日の出・日当・日南・日の平（日平）・当日・日陽など日射条件にめぐまれていることを示す地名が非常に多い。一方、日照・日射条件が山などのため良くないことを示す地名として日の影（日影）・日の陰（日陰）・日隠（ひがくれ）などがある。

〝日〟に次いで多いのが、〝**風**〟の字がつく地名である。わが国では、いかに風が人々の関心事であるか、これでもよくわかるであろう。国際比較についてはあとで3章にふれるが同じ漢字の国である隣邦中国と比較してみると非常におもしろい。表2がその結果である。中国については小スケールの地図帳の索引から作ったので日本と厳密に比較することがむずかしいかも

表2　各種の気候要素の文字がつく地名の出現する割合（%）の日本と中国の比較

	雲	雨	風	雷	霧	雪	合計
中国	38%	3	33	14	5	7	100
日本	22%	21	36	6	8	7	100

知れないが、傾向をとらえる目的には充分であろう。また、表2では〝日〟をのぞいてある。

表2をみておもしろいのは〝雨〟の文字のつく地名が日本では第三位にくるのにたいし、中国ではもっとも少なく、雷が多い。日本は年降水量も多く、雨日数も多いためと思われる。そして、このように極端な対照をしていることは、やはり地名が、いかに生活している人々の自然認識に深くかかわっているかの証拠ともいえよう。

次に、気候要素別に、日本における気候地名の分布と若干の考察をのべたいと思う。

二　日照・日射にかんする地名

日の字がつく地名の分布

まず、日向・日影などについてのべよう。

図1は日向の分布である。中部地方に多く東北地方がそれに次ぐ。西南日本には比較的分布がまばらであるが、九州、四国、中国、近畿地方にもあちらこちらに見られるのが特徴である。次に図2に、

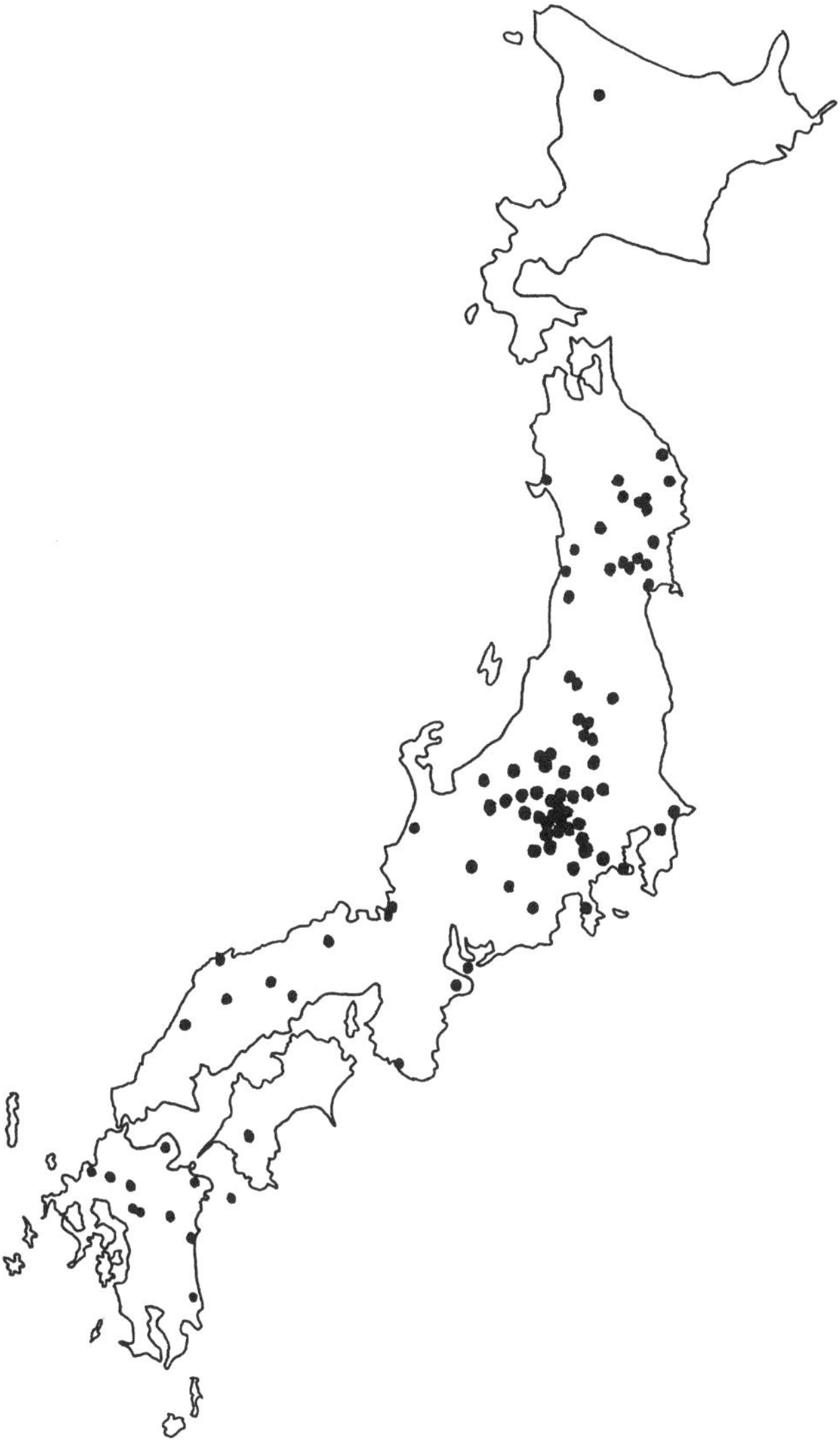

図1　「日向」地名の分布

図２　「日影・日の影・日陰・日の陰・日隠」地名の分布

図3　「日浦・日の浦」地名の分布

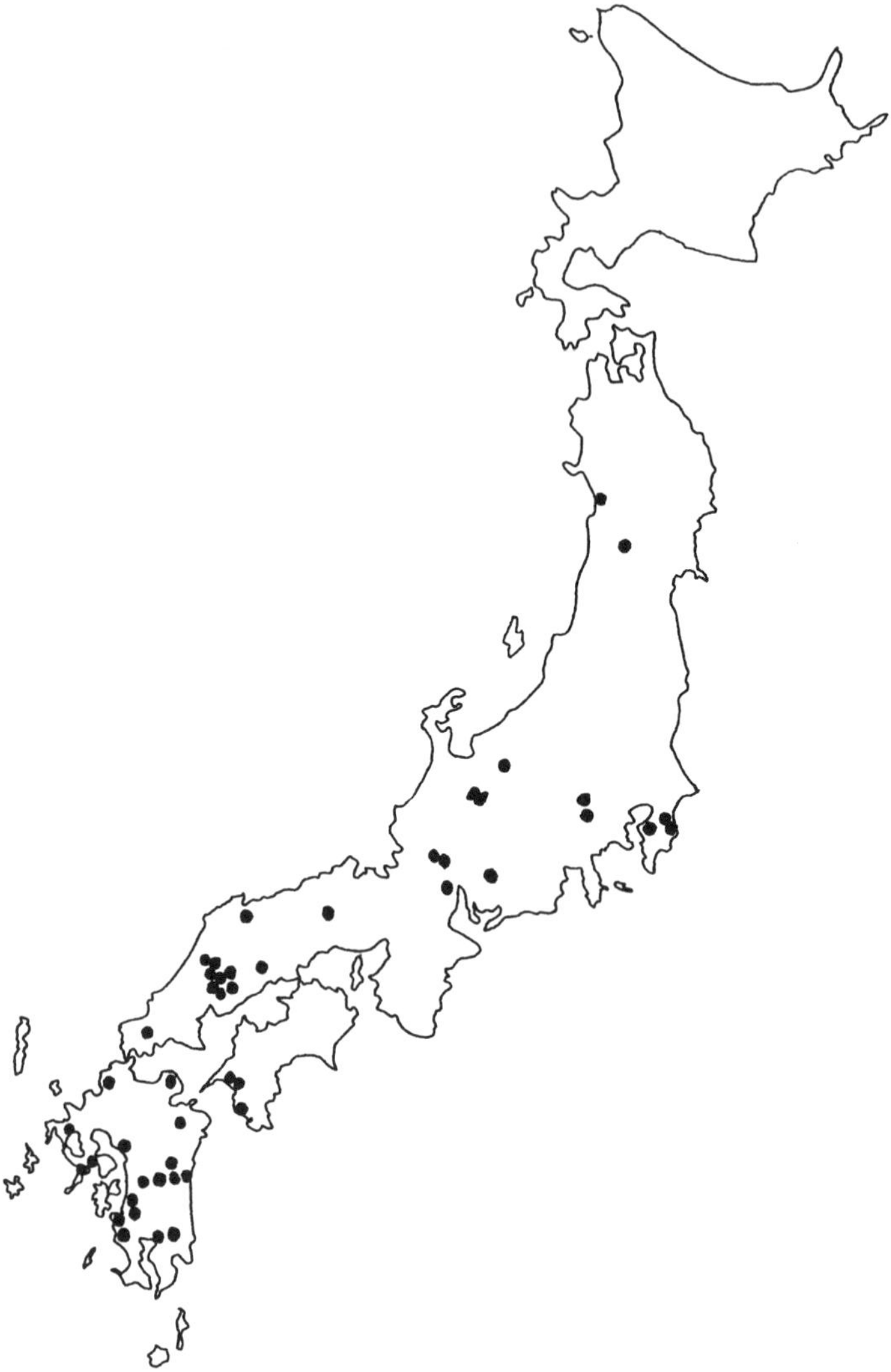

図4　「当日・日の原・日原・日南・日当・日の平・日平・日面・日陽」地名の分布

日影・日の影・日陰・日の陰・日隠の五つをまとめた。非常におもしろいことに中央日本と東日本に集中して現れる。図2の日向の分布とよく対応しているように見える。しかし西南日本にまったくないのがきわだっている。ただし九州の宮崎県には集中して分布している。これはとくに調査してみる必要があろう。

図3は、日浦、日の浦の分布である。日浦というのは日向の古語である。日浦・日地・日の出などとともに日あたりのよいところをいう。日浦は四国に集中して現れることが興味深い。西部中国地方にも少しあり、また紀伊半島に一カ所ある。これらは四国の分布域が多少広がったとみてよいであろう。北海道の渡島半島に出てくるがこれはやはり四国との関連で調べてみる必要があろう。日浦・日の浦は図1にみられる日向の分布を補うものとみてよかろう。すなわち、日向という地名が使われていないところに日浦・日の浦が使われているとみられる。

次に、図4に、当日、日の原、日原、日南、日当、日の平、日平、日面、日陽の分布を示す。中部日本以西に多い。図1の分布図で日向という地名がとくに中央日本から東北日本に多いのにたいし、当日、日の原、日の平、などという地名は富山、岐阜、山梨県以西に多いという点を指摘したい。

図1から図4までの日という字を使った地名についてまとめて考えると、いくつかのおもしろい事実が指摘される。すなわち、

(1) 図1、図3、図4を重ねると、これは日向と日の浦あるいは日面などという日照・日射のよい

条件を表す地名の分布を示すことになる。日照・日射の条件は集落の立地あるいは耕地の条件として重要で、よい条件を表す地名だから、図2の日影・日陰などという日照・日射のわるい条件を表す地名より数が多い。マイナス面よりプラスの条件を取り入れた地名の方が多いという事実である。

（2）マイナスの条件である日影という地名が中央日本、東北日本のつまり気温の低い地方に多い。気温の低い所ほど日影という条件が問題になるためと考えられる。もちろん北海道はのぞいて考えねばならないであろう。

（3）日向・日の浦・日面などのプラスの条件についても、図2の日影というマイナスの条件を表す地名についても、近畿地方とそれに接する中国地方、中部地方の地域で少ない。

なお、日の出（ひので）・日の地（ひのじ）など徳島県・愛媛県・高知県に多いことが知られているがここでは省略する。

日平・日向・朝日などの事例

高知県宿毛市橋上町字日平（ひびら）という地名があり、鏡味完二によれば、ヒビはいぬがやの生えている土地とする説がある。ここでは、ヒヒラで、ヒラは傾斜地と理解すべきで、現地もその傾斜地であるから「日あたりのよい傾斜地」とすべきであるという、考えを筆者もとりたい。

国名の「日向（ひゅうが）」については次のような考察がある。『日本書紀』の景行紀や、その他の古書には、この国はまっすぐに日の出る方向に向かっているので日向という。古来、わが国では、天皇が太陽と結びつけられて、天照大神すなわち日の神の子孫であると信じられ、この天孫降臨の地が日に向かう国と解されたりしたことに由来するという。当時の日向国の範囲は広く、薩摩・大隅をも含んでいて、かなり漠然としていたらしい。したがって、日向とは日に向かう所というような一般的な地名としてとらえた方がよいのではなかろうか。また、「日向」の読み方については、「ひむき」と読むべきだという意見もあり、推古紀には、「ひむか」、『和名抄』には「ひうか」と読んでいる。

日に向かうという概念は朝日という概念に連結されよう。次に奈良県内の朝日について紹介したい。西鶴の『日本永代蔵』巻五「大豆（まめ）一粒（ひとつぶ）の光り堂」に〝東あたりの朝日の里〟という書き出しがあるように、県内には朝日という小字が二〇カ所分布している。現在の天理市大字佐保庄内垣内は江戸時代には朝日村とよんだ。その大字小字「朝日」には朝日豊明姫を祀る朝日神社と、朝日寺があった。「朝日」は日向、東方の義で、山辺ノ道南北一線上には神（みわ）坐日向神社・大和日向神社が鎮座し、天理市の大字豊井には豊日神を祭祀している。

滋賀県蒲生郡蒲生町（現東近江市）は、もとの朝日野村と桜川村が合体してできた。この朝日野村は明治二二（一八八九）年からの新村名だが、いまの日野町の東にある海抜一〇〇〇《メートル》あまりの嶽山（だけさん）と綿向山（わたむきさん）を朝日山とよび、その麓だから朝日山麓の野に由来するという。しかし、桜村や佐久良川のサクラはアサクラ（浅洞・朝倉）すなわち谷の入口を意味するアサクラのア音が脱落してサクラに変化したと吉田金彦は考え、朝日野は日野への入口（浅日野）という解釈もあると指摘している。日野は天孫系か出雲系かを問わず日野は〝日の神のいます野〟〝日に向かう野〟の意味ではあるが、朝日野となると単純に朝日があたる野と考えてはいけない例のひとつである。

京都に向日（むこう）市がある。古墳が続く向日台地は嵐山から南に延びている。太陽に向かう地名としてはおもしろい。向日市の北山・南山の地は見晴らしのよい朝日を拝むのによい場所で、向日山（むかいのやま）といわれ、向日神社が東面して山上にある。向日神社の第一祭神は向日神である。しかし、古代人にとっては特定方向に向くことに意識が強く、向日（ムコウ）は、宇治の方向に向く意味で、向神社と書いた例が古くはあった。のちになって「日」を加えるようになったという。かりに新しいとしても、私はやはり日神信仰と結びついた気候地名とみたい。

朝日がよくあたる朝日山・朝日岳・旭岳の地名は多いが、夕日山・夕日岳・日の入山や夕日の地名の例がないわけではないが、ごく少ない。日が昇ることへのあこがれの現れであろう。

時代とともに地名は変遷するが、たとえば都市化によって日陰などの悪条件を示す地名は消える傾向が強い。明治時代には東京の京橋、当時の新橋停車場の北に、日蔭町があったが現在はない。また東京の麻布、鳥居坂の西に東日ケ窪町、北日ケ窪町があったが、現在はない。しかし、日向は小日向台町さらに小日向何丁目などのようにのこっている。

小日向台の先端で神田川に沿った地区には、小日向水道端（こひなたすいどうばた）町があったが、明治末年には水道端となり、一、二丁目にわかれて昭和四一（一九六六）年までつづいた。図5には

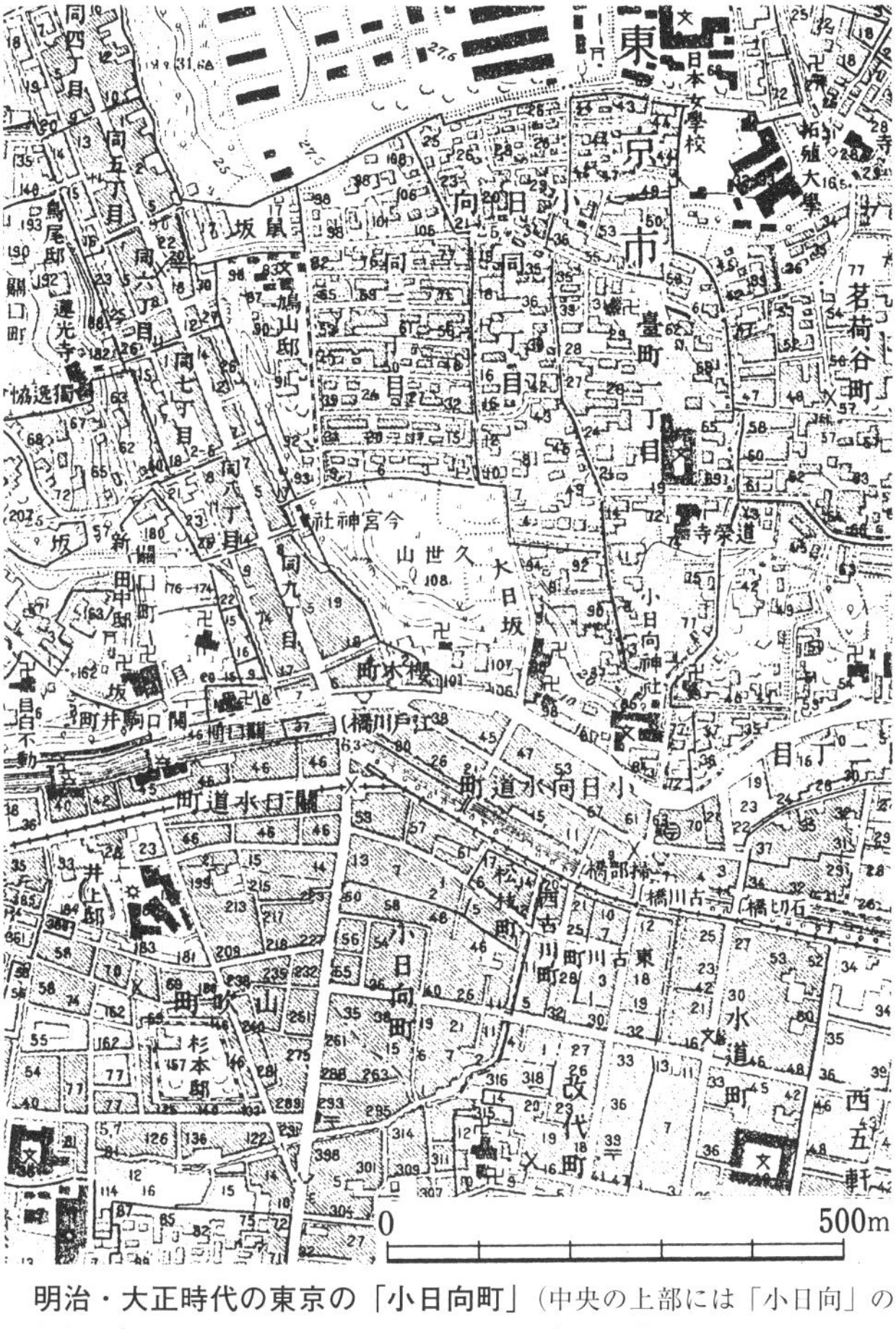

図5　明治・大正時代の東京の「小日向町」（中央の上部には「小日向」の地名があり，台町1，2，3丁目がある．図の中央には「大日坂」があり，その下には「小日向水道町」，「小日向町」の名がある．〔明治42年測図，大正10年第2回修正．同12年5月発行．一万分の一「早稲田」図幅より〕）

明治四二（一九〇九）年の一万分の一の地形図から小日向町・小日向水道町の部分を示す。現在は小日向一丁目と水道一、二丁目の中に編入されている。このように日向にかんした町名も簡略化されてしまう例も多い。

麻布日ケ窪村には南と北があって、南日ケ窪町は高台の南側に沿う住宅街で、三方を山に囲まれた日あたりの良い低地であった。江戸時代からこの名でよばれていたものであるという。そして、始めは「日南窪」といい、のちに「日下窪」から日ケ窪になったという。

写真1　秋田県国道46号線の日陰橋

前述の芝日蔭町は俗称地名でよばれていたものだが、明治五（一八七二）年にその俗称が日影町として正式の町名となり、昭和七（一九三二）年までつづいた。しかも、その後もその俗称はのこり、昭和一五年頃までは使われたという。現在は港区新橋二・三丁目の一部である。

岩手県には日がついた興味ある地名が幾つかある。日干（ひぼし）、日平（にっぺい）、日当（ひなた、にっとう）、日泥（ひどろ）、日詰（ひづめ）、日蓄（にっちく）、日香下（ひかげ）、日通内（につない）、日照田（ひでた、ひでりた）、日頃市（ひころいち）、日除松（ひよけまつ）、日照（ひでる）などである。写真1は国道四六号線にある日陰橋。

比叡山（ひえさん）と京都とは切り離せない。『古事記』には日枝山（ひえやま）としてでてくる。その美しい姿を平安京の人たちは都の富士と名づけたという。しかし、じつはこれは裏側からの姿で、表側は近江側である。この大比叡の東に小比叡（こびえ）ともよばれる小さいが形のよい八王子山または牛尾山があり、付近には古墳が多い。ここに日吉（ひよし）大社があり、〝社〟の形をとったのが崇神天皇のころというから古い。古代地名の研究家である吉田金彦は、この比叡山を考察した。すなわち、いまの八王子山は、『古事記』の時代には日枝山（ひえやま）とかいたので、比叡（ヒエイ）という語の源も、漢語以前の和語、ヒエ（日枝）にさかのぼって考えねばならないと指摘した。彼によれば九州のヒウガ（日向）などのヒウには「日居」すなわち太陽がそこに居るという意味も感じられるという。

ヒエ（日吉）にかんしては、鳥取県日野川河口のヒエツ（日吉津）、島根県八束郡（現松江市）のヒエ（日吉）がある。ヒエのヒは神さまの意味も考えられる。渡来人をヒ（日）とよび、たとえば、奈良県の明日香村のヒノクマ（桧隈）は、飛鳥文化を育てた渡来人の土地で、ヒエのヒも渡来神の敬称ということになろうか。京都の嵐山のことはアラシの項で記述するが、嵐山の松尾神社の神と、日吉山の神とは同じようにヒエ（日枝）という語に反映されているわけで、エ（枝）は木の枝ではなく、エナ（胞）のエではなかろうかと吉田は言う。結局、比叡の語源は、ヒ（日）のエ（胞）、すなわち、〝恐れ多い神さまと一体に居る〟という意味になる。

右のように解釈すれば、一方では、太陽崇拝に結びつく神としての「日」であり、他方では、日照・日射条件に結びつく気候地名としての「日」といって、さしつかえなかろう。それにしても、東京の渋谷から横浜に連絡する東急東横線にヒヨシ（日吉）駅があるが、ここを通るおびただしい数の通勤・通学者のうち、何人が「日吉」の語源に興味をもったであろうか。

江戸時代の日の字がつく地名

まえに、時代とともに地名が変化してゆくことを東京の例で紹介した。ここで、江戸時代の日の字がつく地名について紹介し、現在との比較を試みたい。

『日本歴史地名総索引』から、日の字がつく地名を抜きだすと次の通りである。ただし、画数の順に並べてある。多少長くなるが、すべてを収録する。

〔三画〕日下（ひげ、くさか）。日川（にちかわ、にっかわ、ひかわ）。日上（ひかみ）。日土（ひづち）。日山（ひやま）。

〔四画〕日中（にっちゅう）。日方（ひかた）。日内（ひない）。日戸（ひのど）。日比（ひび）。日引（ひびき）。日水（ひみず）。

〔五画〕日立（したち。美濃では〔原文のまま〕、ひだち）。日出（ひい、ひじ、ひで、ひので）。日代（ひしろ）。日白（ひじら）。日末（ひずえ）。日田（ひだ）。日司（ひつかさ）。日永（ひなが）。日住（ひなせ）。日平（ひびら）。日用（ひもち、ひよう）。日辺（にっぺ）。

[六画] 日光（にっこう）。日向（にちかう、ひゅうが、ひむき、ひよも、ひるが）。日在（ひあり）。日宇（ひう）。日名（ひな）。日次（ひなみ）。日羽（ひわ）。日守（ひもり）。日吉（ひよし、ひよせ）。

[七画] 日坂（にっさか、ひさか）。日足（ひあし、ひたり）。日尾（ひお、ひのお）。日形（ひがた）。日里（ひさと、ひのさと）。日角（ひすみ）。日杉（ひすぎ）。日谷（ひのや）。

[八画] 日秀（ひびれ）。日見（ひみ）。日東（にっとう）。日明（ひあかり、ひやり）。日枝（ひえ）。日近（ひぢかい）。日長（ひなが）。日並（ひなみ）。日沼（ひぬま）。日岡（ひのおか）。日表（ひよも）。日和（ひより、ひわ）。日面（ひおもて）。

[九画] 日前（ひくま）。日指（ひさし）。日夏（ひなつ）。日畑（ひはた）。日洞（ひぼら）。日俣（ひまた）。日室（ひむろ）。日美（ひよし）。

[一〇画] 日原（にちはら、ひばら）。日扇（ひおうぎ）。日浦（ひうら）。日高（ひだか）。日の島（ひのしま）。日宮（ひみや）。

[一一画] 日眞（ひま）。日脚（ひあし）。日陰（ひかげ）。日笠（ひがさ）。日連（ひづれ）。日野（ひの）。日進（にっしん）。

[一二画] 日開（ひがい、ひびらき）。日勝（ひかち）。日越（ひごし）。日棚（ひたな）。日貫（ひぬい）。日登（ひのぼり）。日渡（ひわたし）。日新（にっしん）。日裏（ひうら）。

[一三画] 日置（ひがさ、ひき、へき）。日飼（ひがい）。日詰（ひづめ）。日照（ひでり）。日殿（ひど

の）。日當（ひなた）。日義（ひよし）。

［一五画以上］日蔭（ひかげ）。日影（ひかげ）。日暮（ひぐらし）。日撫（ひなで）。日橋（ひっぱし）。日積（ひづみ）、日澤〔沢〕（ひさわ）。日邊〔辺〕（にっぺ）。日滝（ひたき）。日藤（ひとう）。

［三文字以上］日ノ岡（ひのおか）。日ノ嶽（ひのたけ）。日ノ出（ひので）。日ノ浜（ひのはま）。日ノ宮（ひのみや）。日下石（にっけいし）。日下田（ひげた）。日下丸（ひげまる）。日ケ窪（ひがくぼ）。日ケ谷（ひがたに）。日之出（ひので）。日々入（ひびいり）。日方江（ひかたえ）。日比宇（ひびう）。日比沢（ひびさわ）。日比田（ひびた）。日比津（ひびつ）。日比野（ひびの）。日比原（ひびはら）。日比子（びるご）。日木山（ふるくやま）。日立木（にったき）。日本堤（にほんづつみ）。日本橋（にほんばし）。日古木（ひこぎ）。日出生（ひじゅう）。日出島（ひでがしま）。日出塩（ひでしお）。日出山（ひでのやま）。日出谷（ひでや）。日出安（ひでやす）。日向石（ひゅうがいし）。日向谷（ひゅうがや）。日吉津（ひえづ）。日吉倉（ひよしくら）。日西原（ひさいはら）。日西洞（ひさいぼら）。日色野（ひしきの）。日名田（ひなた）。日見浦（ひみうら）。日見谷（ひみたに）。日良居（ひらい）。日知屋（ひちや）。日奈久（ひなぐ）。日奈古（ひなこ）。日物川（ひものがわ）。日和佐（ひわさ）。日和田（ひわた）。日和山（ひよりやま）。日南田（ひなた）。日南川（ひなたかわ）。日屋洞（ひやぼら）。日浦込（ひうらごみ）。日草場（ひくさば）。日根牛（ひねうし）。日根津（ひねつ）。日根野（ひねの）。日振島（ひぶりしま）。日頃市（ひころいち）。日野上（ひのうえ、ひのかみ）。日野浦（ひのうら）。日野尾（ひのお）。日野岡（ひのおか）。日野川（ひ

のかわ）。日野沢（ひのさわ）。日野谷（ひのたに）。日野地（ひのじ）。日野殿（ひのどの）。日野春（ひのはる）。日野辺（ひのべ）。日御子（ひのみこ）。日御崎（ひのみさき）。日渡根（にっとね）。日開谷（ひがいだに）。日開野（ひがいの）。日置谷（ひおきだに）。日置江（ひきえ）。日置荘（ひきしょう）。日照田（ひてりた）。日當山（ひなたやま）。日論寺（にちりんじ）。日暮里（にっぽり）〔あとでくわしくのべる〕。日陰沢（ひかげさわ）。日應寺（にちおうじ）。

ここで、右のリストから興味のある点を二、三ひろってみよう。

まえに日平（ひびら）についてふれ、これはヒヒラ、すなわち日あたりのよい傾斜地の意と考えた。しかし、江戸時代からある日比沢・日比野・日比田・日比津・日比原など、いずれも、沢・野・田・津・原などの低湿地と結びついた地名ばかりで、高い山地や丘陵地の地形地名と結びついたものがない点が注目される。したがって、これはヒビすなわちイヌガヤの生えている低湿地を意味する土地につけられた地名とする鏡味完二の説があたっていよう。東京の日比谷もやはり同じように理解してよいと思う。つまり、日という文字がついていても、日照条件とは直接の関係はないことになる。右のリストをよくみると、江戸時代にあったが、現在は消えてしまった地名がある。日永・日里・日長・日明・日照など、日照時間が長く日あたりのよい土地の条件をよく反映しているが、現在ではないことがおしまれる。

また、右のリストには、日がつく地名は四文字以上も含めると、じつに二三三の地名が記されている。これは、雨が三二、風が三三、などと比較して圧倒的に多い数字である。しかし、前にあげた表2の比率にすれば日の字がつく地名はまだ少ないといえるかもしれない。これは収録したデータの関係なのか、歴史的な変遷を示す結果なのか、今後の研究にまつほかない。また、古代の地名（楠原佑介ほか）にあって、江戸時代になくなったものに日根（ひね）、日頭（ひのと）、日羽（ひは、ひわ）、比婆（ひば）、日吉（ひよし、ひえ）などがある。

なお、日和山（ひよりやま）については、上田雄によるくわしい考証があるので、ここでは省略する。

あて字の判定

日本の地名で、まぎらわしいのがあて字である。日本の地名にはあて字が多いことはすでに多くの研究者が指摘している。

日あたりのよい谷が日向谷（ひゅうがや）とよばれるのにたいし、日あたりの悪い谷は影の谷であるがこれを鍵谷（かぎや）と書く場合がある。これは古語ではカゲが転じてカギとも読むからであるという。またカゲ（影）を古語ではカゴともいったので、籠のつく地名には影地をさすものが含まれている可能性もある。

日あたりの悪い地形のところは蔭地（おんち）というが、それが音地（おんち）とか恩地（おんち）というあて字を使う場合もあるという。ただし、恩地とか恩田には幕府や諸家が勲功にたいして与えた恩賞地の場合もあるから、実際にひとつひとつ確かめねばならない。松尾俊郎はこれらをよく考察していて、同じ隠地（おんち）、隠田（おんでん）でも、しのび田（忍田）とか、かくし田の場合もある。これらはもちろん気候地名ではなく、公租を出さずこっそり私有する田のことである。また、音地（おんじ）には、歩くと音がするという意味も含まれ、四国では、黒ボク土をおんじともいう。

広島県内と岡山県内の陰地（おんじ）と日南（ひな）について、その地形条件と日射条件を福岡義隆は研究した。広島県では陰地は地形の傾斜角度五〜一〇度のところが卓越し、日南は一〇度が多い。岡山県では陰地も日南も一五度が多かった。また陰地は北西向斜面が多く、日南は南東向斜面が多いという統計結果を永木庄治は示している。今後、このような定量的な気象条件の解析が全国について必要であろう。

群馬県北西部の四万温泉（しまおんせん）の温泉区のひとつに日向見（ひなたみ）の名がある。この〝み〟は、「繁み」とか、「深み」などの「み」と同じく、〝ところ〟の意味で、日のよくあたるところの意である。これもあて字の一種である。

東京の山手線の駅名にもなっている日暮里（にっぽり）は、私の好きな地名のひとつである。図6には、明治四二（一九〇九）年測図、大正一〇（一九二一）年修正の一万分の一の地図を示す。日暮里町、日暮里のほか、鉄道線路に沿うところに日暮里の字がみえる。この源は新堀（にいほり）で、小田原北条氏の家臣の遠山氏の居館の地にめぐらした新しい堀だとか、太田道灌の出城の跡だとか、あるいはさらに古い時代に新田開発のために掘られた用水路だとか諸説ある。いまそのどれかを論じ

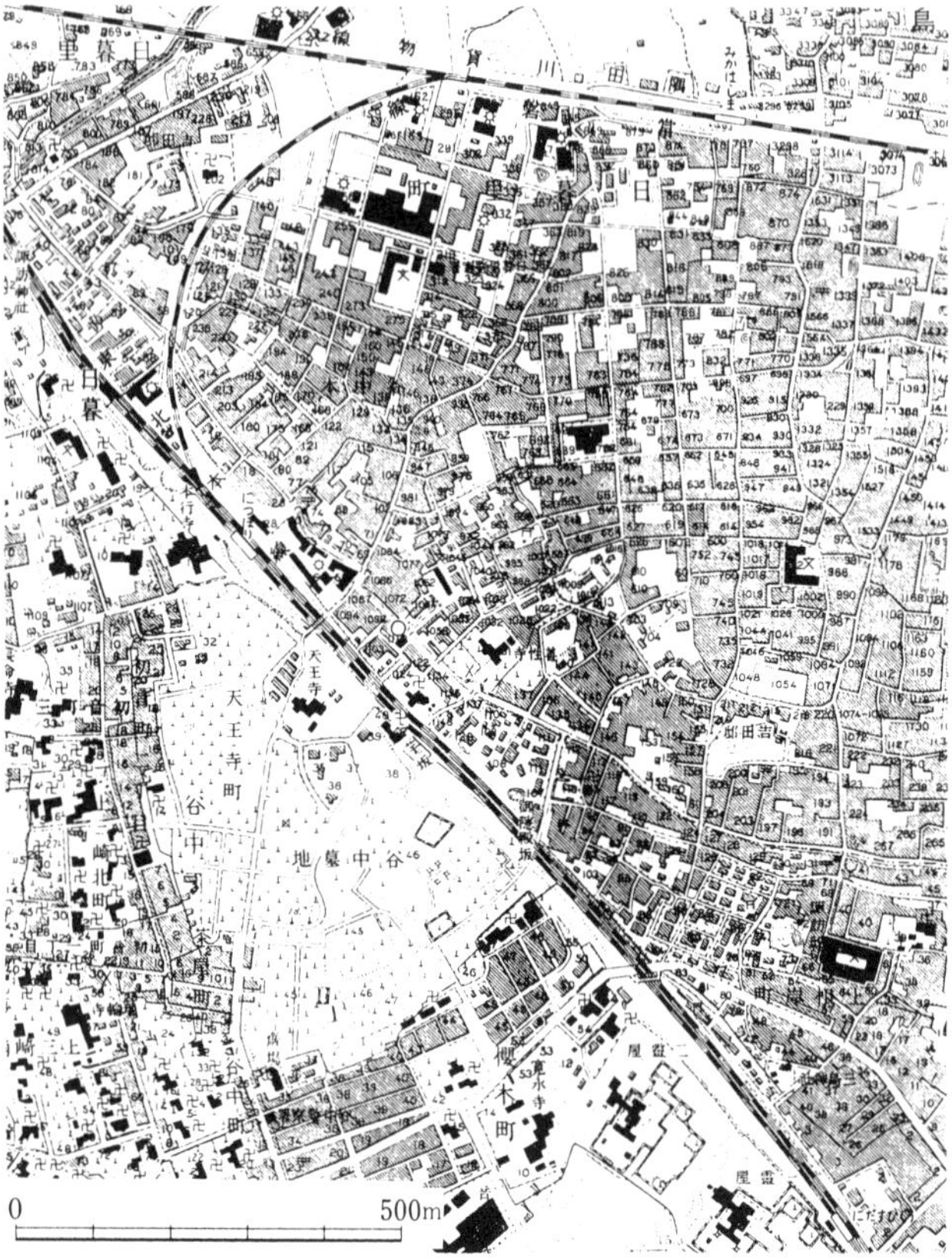

図６　1926年の東京の「日暮里」（右上端に「みかはしま」駅があり，その下に「日暮里町」の名がある．左上端に「日暮里」，常磐線と東北本線が合流する付近に「日暮」の名がある．「にっぽり」駅から右下端の「うぐいすだに」駅にかけての左側の台地上には寺が多い．〔明治42年測図，大正10年第２回修正，同15年７月発行．一万分の一「上野」図幅より〕）

るのが目的ではなく、新堀を〝にっぽり〟と読み、江戸中期ごろから〝日暮里〟と書くようになり、〝ひぐらしの里〟ともよばれるようになったことを本間信治が記述していることを紹介しておきたい。大正時代の図6にも日暮の地名がみえるが、一八世紀はじめの享保年間にはすでに日暮里の地名が出ているという。そのころ以来、寺社が集中し、その庭園が美しく江戸名所の一つだった。しかし、熊谷卓二によればアイヌ語で日暮里とはヌポリで山の意味だという三陸地域での解釈があることも忘れてはなるまい。

〝ひぐらしの里〟に想いをめぐらすのは満員電車の中では無理であろうか。このようなあて字がもっとあったら、世の中、楽しかろうにと思う。

三　風・嵐の字がつく地名

日本における分布

まず図7に風という文字を使った地名の分布を示す。この図を見てとくにどの地方に多いということは言えない。九州から北海道までほとんど同じ密度で分布している。前にのべた日照・日射にかんする日という文字を使った地名が北海道ではほとんどなかったが、風の場合は北海道にまで出てくる。おそらくアイヌ語を漢字で表現した結果が絡んでいるのであろう。またよく見ると本州でも中国地方

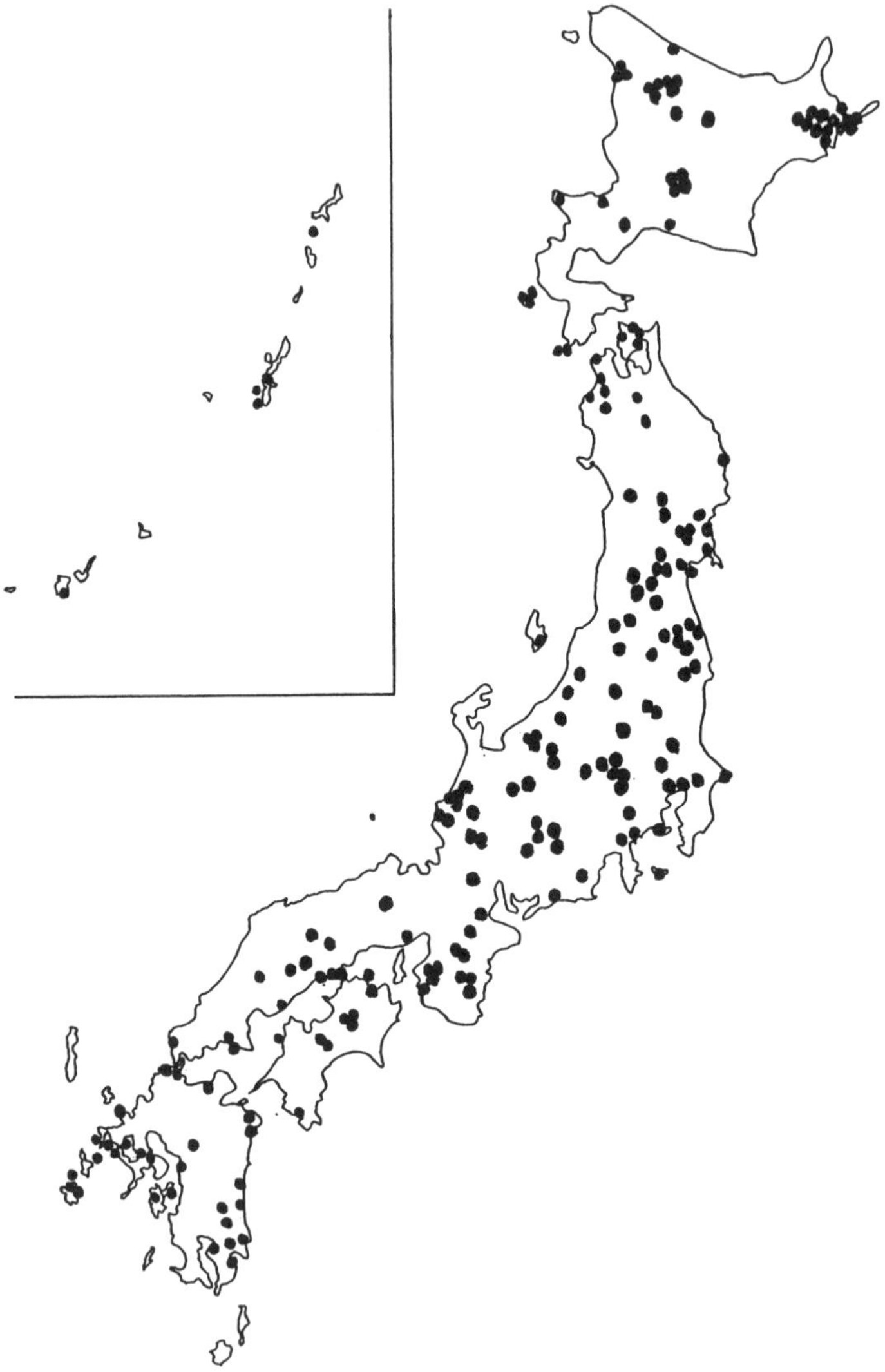

図7　「風」という字を使った地名の分布

の日本海側にはほとんどなく北陸・東北・四国地方のごく海岸部には見あたらない。これも、太平洋岸では海岸にまで分布しているのに比べ、おもしろい現象と思われる。峠を越す交通路が日本海側では冬には閉ざされていたなど、冬の季節風と関係しているのかもしれない。

風の内容・特性を表現しているものとしては清風山（きよかぜやま）・風戸山（せとやま）・瀬戸風峠（せとかぜとうげ）・八風山（はっぷうさん）・風早（かざはや）・風波（かざなみ）がある。また和賀町史談会によると風端（かぜはた）は風の強くあたる萱立野である。風の古い名称と結びついて、東風石（こちいし）・南風の波瀬（はえのはせ）がある。東風泊（こちどまり）、南風泊（はえどまり）などについては別に記した。

風がある場所において強い場合、その場所の名と連結される。その好例は、大風渡沢（おおかぜとさわ）・風吹山（かぜふきやま）・風屋谷（ふうやたに）・風穴（かざあな）・風切鼻（かぜきりはな）・風岩・風の子島（ふのこじま）がある。もっとも、高橋文雄によると、山口県の風ケ原や風富のカゼはカセ（瘦地）のことである。

風指川（かざしがわ）・風師山（かざしやま）・風頭（かざがしら）などは、風がある山に沿って吹いてくる場合、あるいは、ある山を吹き越して、その風が吹くと、ある種の天気、たとえば雨になる場合が多いので、そのような天気変化の前兆となっている場合、その川や山にその名がついたのではないかと思う。しかし、くわしくは今後の研究にまつほかない。

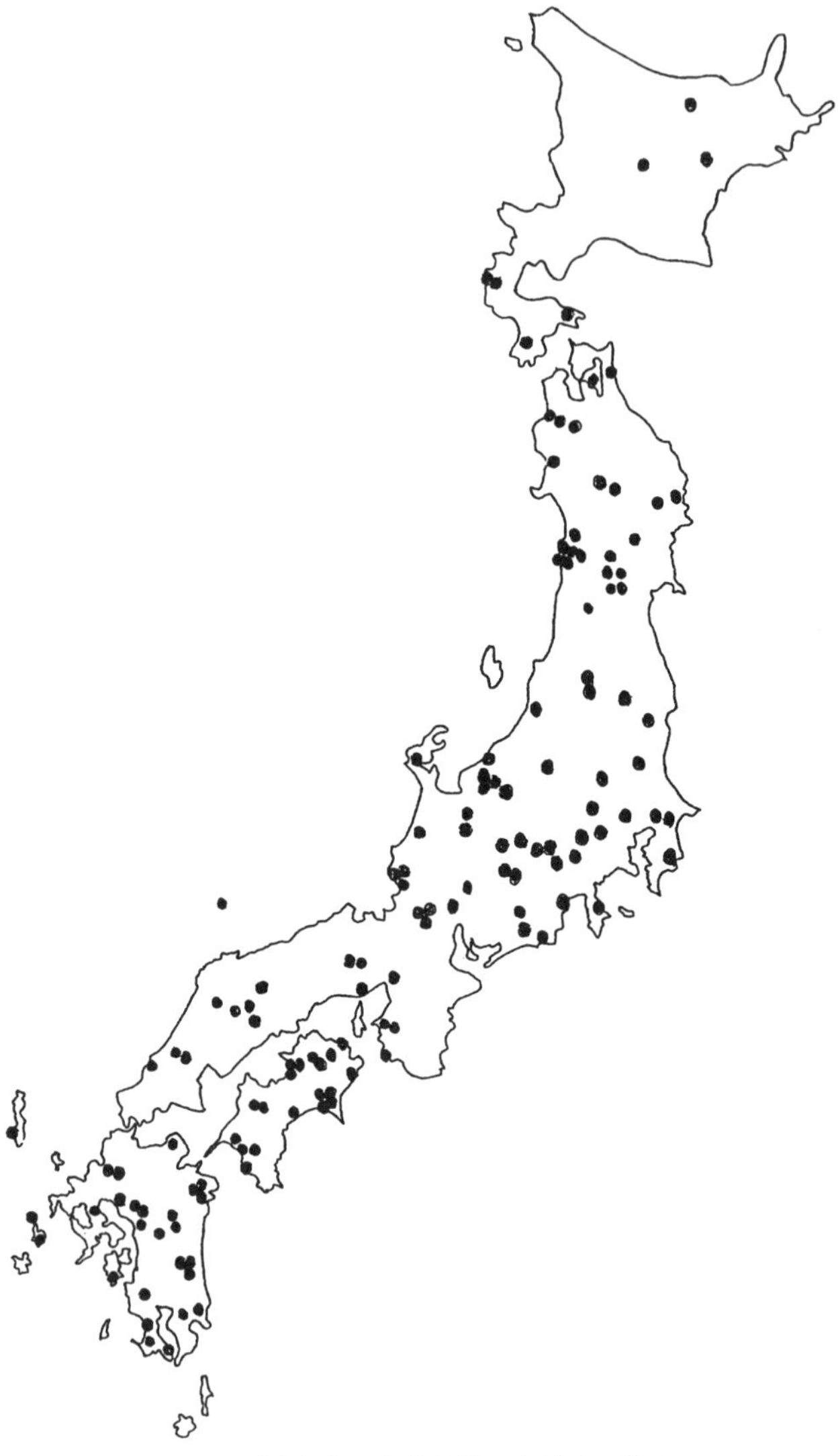

図8　「吹」という字を使った地名の分布

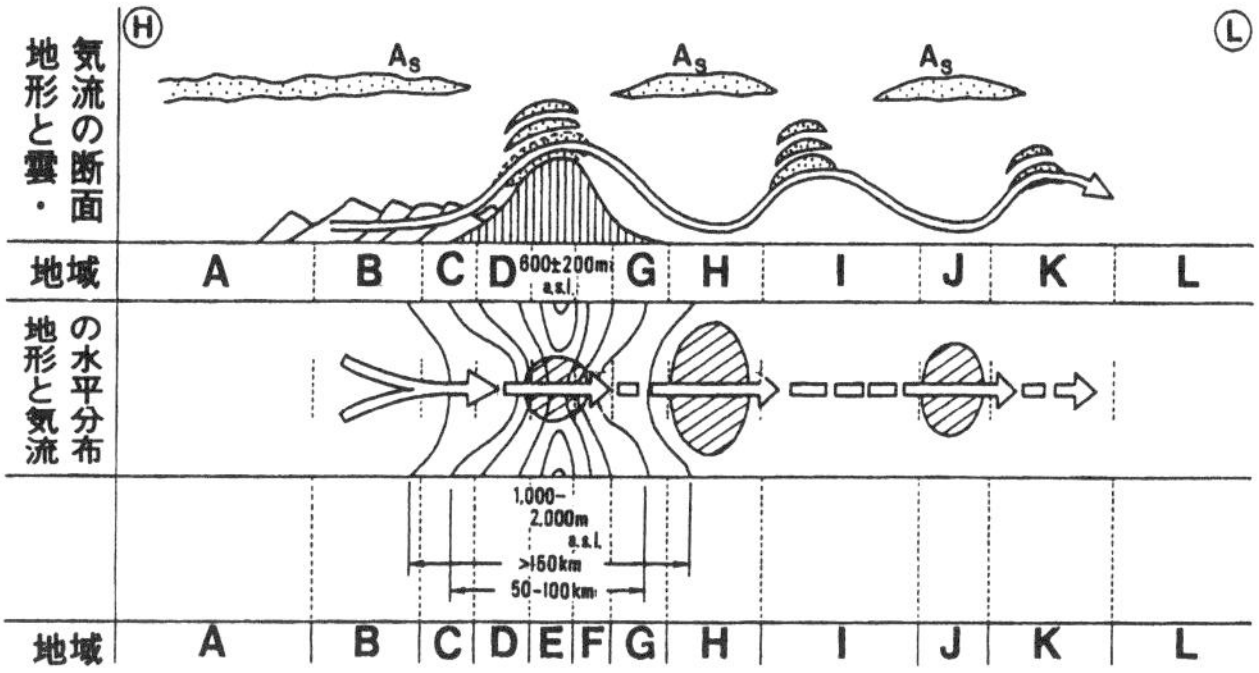

図９　山越え気流による強い局地風の模式図とその代表的な気候地名

図８は**吹**という文字を使った地名の分布である。本州・四国・九州にほとんど等密度にでてくることは興味ある。ただしこれも和歌山の海岸部をのぞいて紀伊半島にはほとんど出てこない。中国地方の日本海側にも少ない。北海道は非常に少ない。しかし、この図の資料は二〇万分の一地勢図だが、五万分の一の地形図でみると、たとえば三重の県道で片川と桐原の間に風吹峠がある。したがって、詳細に調べると、〝風〟と〝吹〟の分布のコントラストはややくずれるかもしれないが、傾向は変わらないと思う。

風は山脈を越して風下側の斜面下部からそれにつづく平地か海面で強く発達する（図９）。したがって関東平野の例では、冬の季節風〝おろし〟とか〝空っ風〟となってとくに発達する群馬県に多い。たとえば、（一）吹上（ふきあげ）は吾妻町三島、境町女塚、笠懸村（現みどり市笠懸町）鹿、桐生市山田にあり、（二）吹張（ふっぱり）は富士見村（現前橋市富士見町）米野、板倉町岩田、尾島町出塚、（三）風張（かざっぱり）は新田町村田（現太田市新田村田町）、（四）風久保（かぜくぼ）は川場村湯原にある。

山越え気流による強い局地風が吹く地形条件とそのときの天気・風の状態と代表的な気候地名（地域A〜Lは図9のA〜Lに対応する）

	地形の条件	天気や風の状態	代表的気候地名
A	平野または水面、ただし必要条件ではない。	高気圧または高圧部付近に雲はない。降水はない。地面付近の風弱い。	
B	山脈の走向に直角に走る大きな谷があり、その両側は高度数百mの丘陵地帯。	上空約二〇〇〇mには高層雲があることが多い。降水なし。風は谷に向かってくる。	
C	風上斜面の山ろくの丘陵地帯には気流が収れんする谷がある。	高層雲はきれ始める。降水なし。谷に向かって風が収れんする。	
D	風上斜面で、峠に向かって谷がきざみ込まれている。	地面付近に霧・雲がかかる。遠望すれば地形性の雲がかかる。降雨または降雪。風は強い。	
E	高度六〇〇±二〇〇mの峠がある鞍部。その両側は一〇〇〇〜一二〇〇mの山脈が長く連なる。	地面付近は霧・雲につつまれる。遠望すれば山頂近くには「秋風」「フェーンマウア」、上空にはレンズ雲がある。高層雲はない。降雨または降雪。風は非常に強い。	風越峠、吹越峠、風越山、風腰峠、吹腰峠、雨境峠、天降峠。
F	風下斜面で、傾斜は地域Dより急で一〇分の三くらい。	斜面に沿って急に消える。雨滴または雲片がとんでくる。風は弱い。	風影、風洞。

G	風下斜面の山ろく。急に平野が水面に連なる。	上空には青空がみえることが多い。降水はなし。	風道野（ふどの）、尾呂志、寸沢嵐（すあらし）、大嵐。
H	山ろく平野または水面。	上空約二〇〇〇mには高層雲があることが多い。下層には雲はない。降水なし。風強く、乱れも強い。峠から三～四〇kmの範囲。	吹上（HとIの境付近）、風早、風見。
I	平野または水面。	一〇〇〇～一五〇〇m上空にはレンズ雲、吊し雲、ローターまたはやや低くにはとび上るような積雲。降水なし。風弱い。	吹上（HとIの境付近）。
J	平野または水面。	上空には高層雲があり、下層には雲がない。降水なし。風はやや強い。しかし、その範囲はHより狭い。	風早。
K	平野または水面。	地域Iの次ぎの波かしらだから、雲は不明瞭になる。降水なし。風は弱い。	吹上（Jに近い部分）。
L	平野または水面。	低気圧または低圧部に近くなると雲は厚くなり、雲底は低くなる。低気圧質の降水と風系。	

図10 「嵐」という字を使った地名の分布

図10は**嵐**（あらし）という字を使った地名の分布である。嵐がつく地名としては、嵐山・大嵐山・小嵐山・高嵐山・嵐谷・嵐谷山・嵐滝・高嵐沢・大嵐（おおぞれ）などがある。しかし予想以上に全国的には少ない。中部地方に多く、わずかの例であるが九州・四国・中国地方と、東北地方にも現れ、北海道にもその例が見られる。なお、嵐山については別にふれる。

図11は**颪**（おろし）という字を使った地名、わずかに四例であるが、その位置を示す。非常に少ないが、これはさきにのべたように五万分の一あるいは二万五千分の一の地形図を使うともう少し多くの例がわかるのではなかろうか。

岐阜県明智町の颪《おろし》村は有名。また、岩手県に於呂閉志（おろへし）胆沢川神社がある。これは平安期にみえる古い於呂閉志神社が、明治四〇（一九〇七）年に胆沢川神社と合祀されて建立されたものである。〝おろへし〟とは〝おろしへ〟（下嵐江）と関連があり、後者が前者をなまったとされる。〝おろしへ〟は風の〝おろし〟とは無関係である。九州によくある折瀬（おろし）は急崖のことだし、山下・下石・嵐・颪は急な崖のことだといわれている。すなわち、地形地名であって気候地名ではない。

風の字がつく峠の名

つぎに風という字を使った峠の名前の具体的な例について少し触れよう。風吹峠（かざふきとうげ）は金沢・和歌山にある。また風原峠（ふきわらとうげ）・吹腰ノ峠（ふっこしのとうげ）は剣山（徳島・高知）にあり、吹腰山（ふきこしやま）というのは仙台にあり、吹腰（ふっこし）は秋田県能代にあり、

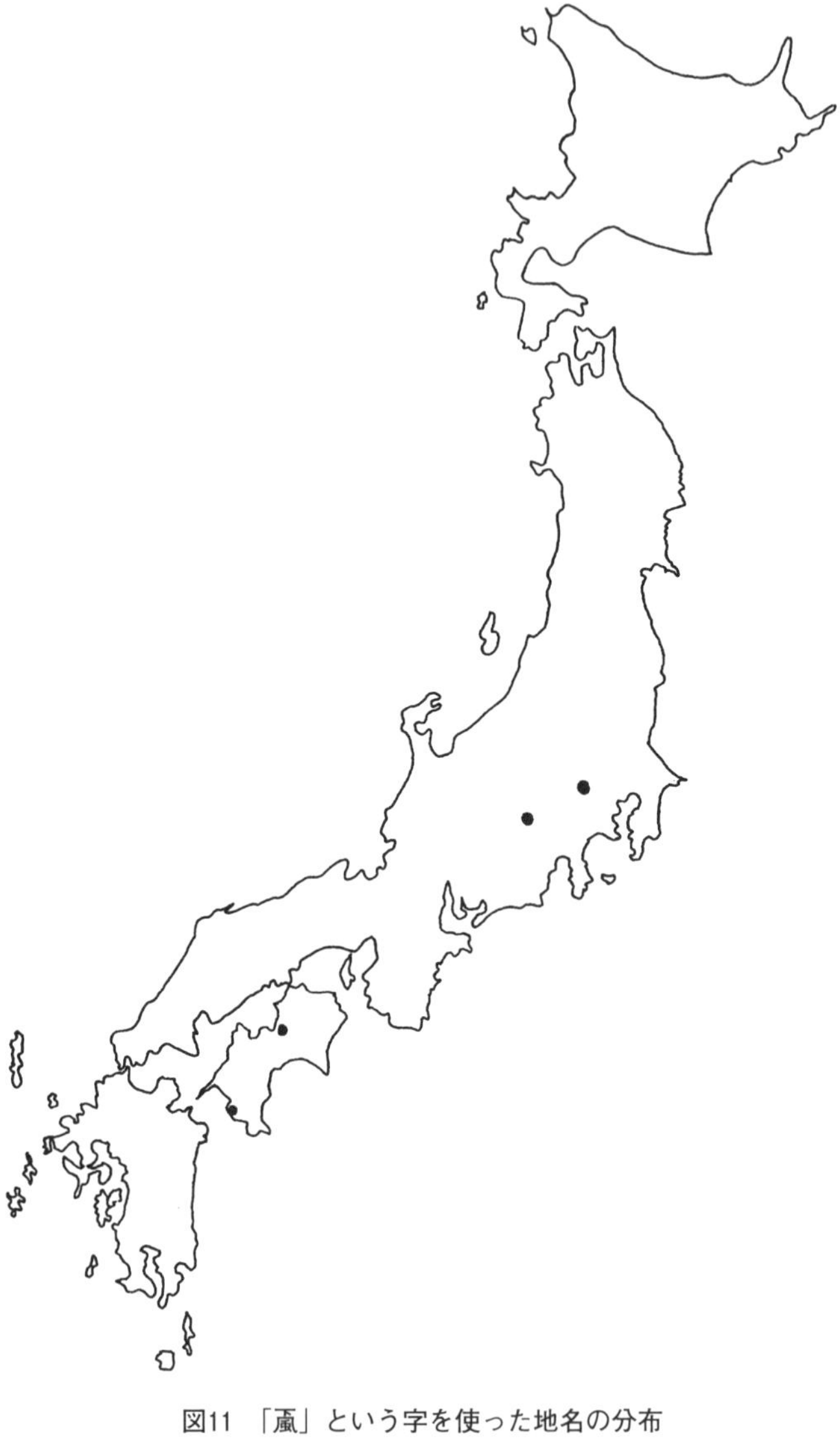

図11 「凲」という字を使った地名の分布

吹腰（ひこし）は鹿児島県開聞岳にある。風越峠（かざこしとうげ）は宮城・福島・長野・静岡の諸県にあり、風返峠（かぜかえしとうげ）は茨城県の筑波山南東方にある。この他、風峠（かぜんとう）、風ケ峠（かぜがとうげ）、風越（かざこし）、寒風峠（さむかぜごえ）、風谷峠（かぜやとうげ）などの例がある。越（こし）が腰（こし）の字に転じている場合も多い。

以上の通り、峠を風が越すことを表す地名、すなわち風越峠あるいは吹腰峠などの例を集めると一〇以上になるのにたいし、風が吹き越さない場合、すなわち風返峠という峠の名は一例しかない。これは小地形と風の関係からみてうなずけることである。すなわち峠のような地形で、とくに人間の交通路として利用されているような比較的高度の低い峠の場合、風がそこを越さない場合よりも風が越す場合の方が現在の局地気候学の立場からは一般的であるといえる。小地形と風の関係が、地名の出現頻度にまで反映していることは土地の人々の経験がいかに

写真２　筑波山南東の風返峠の標識
建てた役所により名称がちがう．（1987年11月撮影）

正しいかの証拠でもあり、非常に興味あることと言えよう。なお、写真2に示すように、現地では「風返し峠」とも書く。また、国土地理院によると、「かぜかいしとうげ」と書いている。現地の人たちは「い」と「え」を逆に発音するので、こう書くのが発音に忠実なのかもしれぬが、これを標準語で発音するとおかしくなるのではなかろうか。また複雑なのは、風返（かざかえし、愛知県渥美町〈現田原市〉）と風返し（かぜかいし、福島県いわき市）と両方の地名がある事実である。

風地名の二、三の考証

図7に示した風という文字を使った地名は日本全部で二一四あり、図8に示した吹という文字を使った地名は一三九ある。しかし、この吹という文字を使った地名全部が気候地名であるかどうかは問題がある。小川豊によると、ホキ地名で河岸にあるものは河川洪水による侵蝕崩壊を示すもの、山頂にあるものは台風季の豪雨を示すもの、あるいは地震による崩壊を示すものであるという。また、フキ、保木（ふき）、穴吹、山吹などがあってかならずしも気象あるいは気候に関係したものでないことを指摘している。このように図8の地点全部を気候地名と解釈するのは問題があろう。

愛媛県の肱川（ひじかわ）では、肱川颪という強い風が吹くが、そこの加世というのは風につながる地名であるという。この他、風速（かざはや）、風波（かざなみ）、風祭（かざまつり）などの地名がある。とくに風祭は小田原の近くにある集落で、箱根登山鉄道の駅の名前にもなっており、また田口龍雄の『風祭』という気象にかんする随筆集の書名にもなっている。もとは、風の神（級長津彦神

〔しなつひこのかみ〕、級長津姫・級長戸辺神〔しなとべのかみ〕、竜田神・広瀬神など）を祭って風の被害を軽減し、豊作を祈ることを「風祭、かざまつり」といった。そのような風神社のある所に風祭の地名がある。

二百十日を荒れる日として、利根・吾妻の山村では風祭りを行っている。御霊様を拝んで大風が吹かないように祈ったり、公会堂に集まって神酒を飲み、法印からハアジメを切ってもぐって村境に張り嵐の来ないよう祈る。水上町（現みなかみ町）では朝道刈りをして風神の石祠にお供えをしたりする。これらの記述は萩原進ほかの『雷とからっ風』（みやま文庫、一九七五）にくわしい。

風神を祭る風神社は各地にあり、風神の地名もある。富山県の砺波、婦負（ねい）、上新川の諸郡には〝ふかん堂またはふかぬ堂〟とよぶ風神堂がたくさん分布する。田口克敏の調査によると富山県下には一三カ所あり、いずれも強い南風で火災の危険があるところという。その分布は図12の通りである。風間（かざま）、風張（かざはり）、風森（かぜもり）などの地名は、風が強い土地にかんした地名ではなく、風神を祭る神社に由来するのではないかと松尾

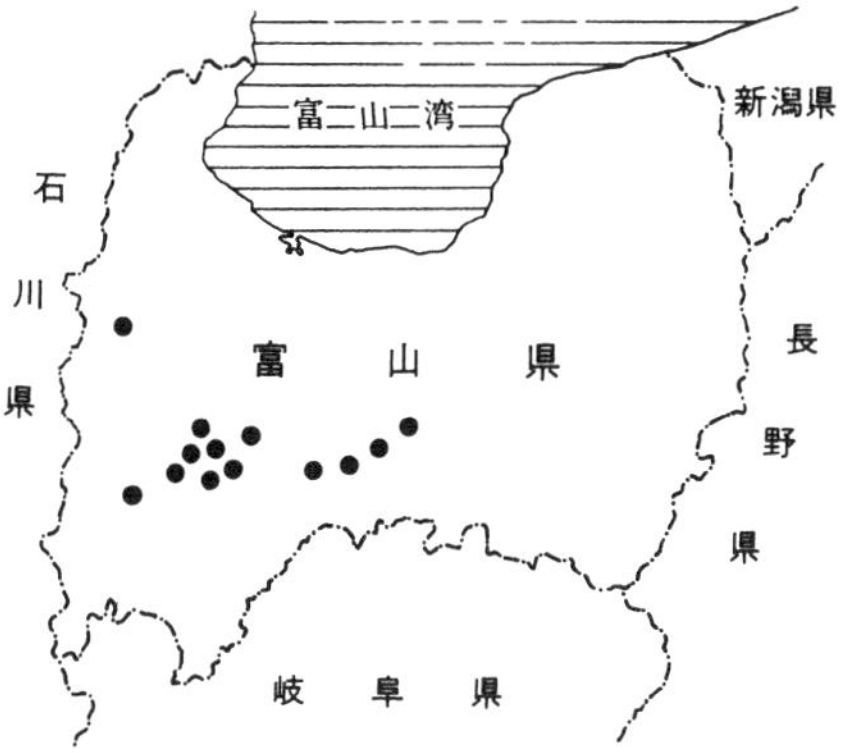

図12　富山県の風神（ふかぬ）堂の分布
（田口克敏　1941年）

俊郎は考えている。また、風見（かざみ）は風向と同じか、あるいは風模様を観測するのによい土地の意味ではなかろうかという。加佐美山・加佐米山（かさみやま）なども、これと関連づけて考察しなければなるまい。

現在の愛媛県の北条市は古くから「風早」（かざはや）とよばれていた。風早の郡名は『日本書紀』三〇の持統天皇一〇（六九六）年四月の条という。とくにこの付近が風が強いわけではないが、風早とは、その南につづく旧和気郡が興居島（ごごしま）や太山寺の丘陵の蔭で冬の北西の季節風が比較的弱いのにたいし、北条市では風を防ぐ島がないので比較的風が強いからではないかと村上節太郎はかつてのべた。金藤泰伸は海上でもこの付近は風が強く、地名の風速（かざはや）は行動半径が広い海上に及ぶ舟行の氏名である。海浜の氏は風速氏それ自体で、地域名と氏名とのかかわりを主張している。

紀伊半島の新宮市北方約二〇キロの所で、風伝峠（ふうでんとうげ）の南東方向に流れる尾呂志（おろし）という集落がある。この尾呂志もあて字である。そこから尾呂志川が熊野灘に向かって流れ出す。これについてはあとでくわしくふれる（4章―三）。

漢字の地名のほかにかながきの地名もある。たとえば、岡山県南東端に日生（ひなせ）町の「気象と地名の伝承」の記述によると、〝さぶかぜ〟［かながき］という名の山が、寒河（そーご）と中日生（なかむらし）の中間にあって、日生町でもっとも風が強く、雑木林が風音を立てる。別に漢字の〝寒風〟があるが、これは風の名である。なお日生町には〝谷うす〟、〝東かげ〟（こちかげ）などとよぶ局地気候の呼び名があるという。

青森県の西津軽、五所川原から五能線で深浦方向へ一二番目の駅を風合瀬（かそせ）とよぶ。この名は地形と風の関係を気象学的にみて正確に、しかも、じつにロマンチックに表現していると、宮本邦男は感心している。そして、読み方は「かざ・あう・せ」→「かぜおうせ」→「かぞせ」→「かそせ」と変化したのだろうと解釈した。難解地名の一つであることは間違いない。駅で切符を売る窓口の人たち泣かせの駅名だが、このごろの緑の窓口のコンピューターはうまく応答するのであろうか。

風の名が地名に取り入れられたものに東風泊（こちどまり）・南風泊（はえどまり）などがある。東風泊は東風がぶつかる東岸ではなく、東風をさけて停泊する西向きの海岸にあり、南風泊は南岸ではなく、南風をさけて停泊する北岸にある。同様に、北風泊（きたどまり）は南岸の船着場であると松尾俊郎は指摘している。

北海道には日方（ひかた）の地名がある。もとは日本語のひかた（南西または南西風）のことで、ピカタとも言う。大樹町の南部、歴舟川（れきふねがわ）下流域の日方（ひかた）という地名は、南西風が日高山脈を越して風下側でフェーン現象により空気は高温乾燥し、融雪による河川の水位の急上昇と関係していると栃木省二はいう。すなわち、歴舟は、ペ・ルプネ・ナイ＝水・大きくなる・川の意味で、ペルプネ→ヘルフネ→歴舟（へるふね）→歴舟（れきふね）と転じたと考えられる。

北海道増毛町西部の日方泊（ぴかたとまり）は日方岬の東方にあり、南西風のときの避難港である。

鈴鹿山脈はほぼ南北に走るが、その中を東西に横切る峠道が幾つかあって、伊勢と近江を結ぶ。八風越（はっぷうごえ）は、それらのたくさんある峠の一つである。近江湖東の四本（しほん）商人は八日市から東に向かい、永源寺・杠葉尾（ゆずりお）・片瀬を経て国境の八風峠（九三八メートル）を越え、切畑（きりはた）・田光（たびか・現在の三重郡菰野町）に下る道をよく使い、これを八風街道とよんだ（平凡社地方資料センター）。八風越は、千草越とともに重要な交通路で、商人ばかりでなく、大永六（一五二六）年春には連歌師の宗長が八風峠を越え、その急峻な山路のさまを『宗長手記』に記している。

風の字がついても、それが風地名ではない場合があることは次節にのべるが、風の字がなくても風地名である場合がもちろんある。現在のサハリン、戦前は樺太とよんだ地域で眞岡（まうか）という地名があった。「〝まうか〟とはアイヌ語で静かな場所、〝まう〟は風、〝か〟は上」だとアイヌ語の権威バチャラーがかつて指摘したと菱沼右一は一九三九年に書いている。

山田秀三によると、北海道にはコイカ、コイポㇰ（東、西）またはメナㇱ、シユㇺ（東、西）のつく地名が多い。メナㇱには東と東風の二つの意味があり、シユㇺ・レラ（西・風）と対照する場合にはメナㇱ・レラともいった。メナㇱ・トマリとは〝東風のときの避難港〟の地名で、北海道各地に分布する。日本語のやませとメナㇱは同義で、東風を防ぐ入江になっている。北海道における分布は図13

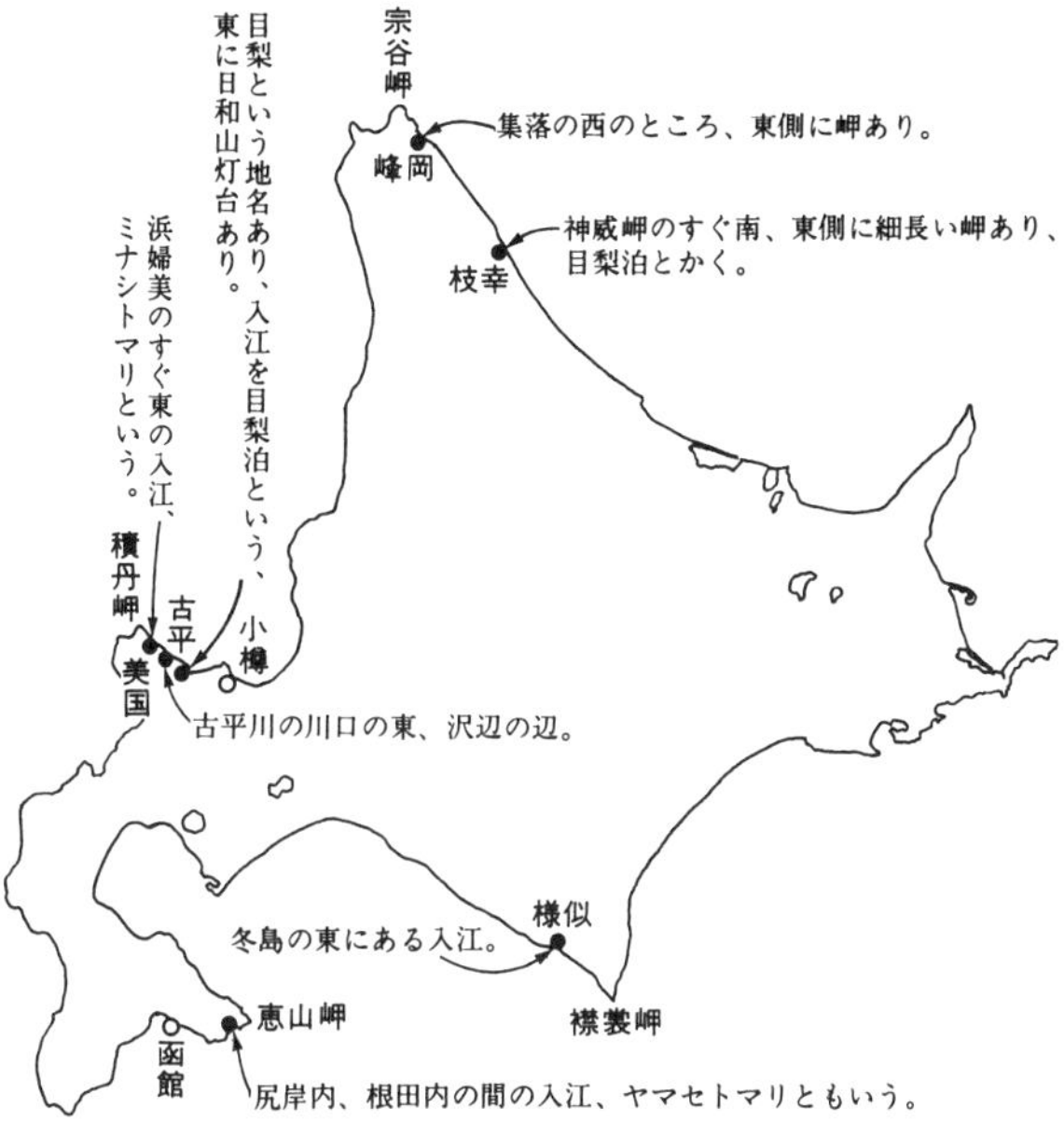

図13　北海道におけるメナシトマリの分布
メナシは東風の名（山田秀三　1982年）

に示す通りである。

　地名が風の名になる場合は多い。わが国では地名または山の名を冠にして〝おろし〟とか〝風〟とか〝だし〟などをつける。たとえば、寿都（すっつ）風、十勝風、清川だし、井波風、肱川颪、鈴鹿颪、伊吹颪などである。ロシアのバイカル湖の周辺では強い局地風が吹く。サルマ、バルグジンなどはその代表である。その他、アバザは黒海のアブハジ方向から吹く風であるし、ドゥナイ川デルタのバルテではバルテレツという風が吹く。中央アジアやアムダリア上流地方の暑い乾燥した風であるアフガネツは南西からの風である。シャロニク、ウランなどもそれぞれその谷や川の名と同じである。

風の字がついていても

屏風（びょうぶ）は風を防ぐついたて状の家具だから、そのイメージで「屏風岩」の名は全国各地に多い。類似のものに屏風山・屏風岳・屏風川・屏風谷・屏風島・屏風が竜・屏風の頭・大屏風・錦屏風などがある。これらは風地名というよりはむしろ地形地名といえよう。奈良県の大和平野の中央部磯城郡三宅町大字に「屏風」がある。東西約一・八キロ、南北〇・三キロの細長い大字である。いろいろの伝説があるが、池田末則の『日本地名伝承論』によれば、川の水利をうけるために東西に延びた、一種の地形地名であるとしている。屏風のイメージにはつながるが風とは関係がない。

同じように、風呂（ふろ）がつく地名がある。風呂塔（ふろのとう）・石風呂川・鷹志風呂山（たかしふろやま）など風の字が使われていても気候地名には入らないであろう。また、アイヌ語起源の風蓮湖・風蓮川・風蓮別川も別とされよう。

前記の池田末則は、奈良県の「風森」を論考している。東・西佐味の間にあって、風森峠の旧路の頂の社が「風の森」で、この付近は南西の風が強いので、アナゼ風・タマカゼ東尋坊の名でよぶ。葛城の「風の森」は古都の南西に鎮座し、人々は風の平穏を祈った。風の宮とか、風祭の行事と関連してくる。これについてはあとでのべる。

最後に風が吹かないことを示す地名を紹介すると風無（かざなし）・風無鼻（かざなしばな・かぜな

しばな)・風止(かぜなし・かざなし・かざし)がある。能登半島の風無(かざなし)や、愛媛県宇和島の風無(かざなし)では本当に風がまったく吹かないとは思えない。むしろ暴風がないことを祈ってつけた地名である。風無鼻は、沿岸の漁師には生活がかかっている呼び名であろう。風止(かざし)は山口県の玖珂郡(現岩国市)周東(しゅうとう)町獺越にあり、高橋文雄によると、〝「地下上申」に昔から大風が吹いたとき、ここに立って祈願すると風が吹き止んだので風止という〟とあるそうである。文字に合わせて作ったストーリーではないだろうかとも思われる。しかし、我々の祖先もウイットに富むものだと感心する。

〝**吹**〟という字を使ったものには伊吹山・吹越山・吹腰峠などがある。しかし、岡山県の吹屋(ふきや)・吹屋町などは鋳造と関係した名で、自然界の風とは無縁である。

菊地正男の『南部地名考』によると、吹張(ふっぱり)は、フップ・ハリで杉の山の意味だという。吹はあて字ということになろう。

京都の嵐山(あらしやま)は吉田茂樹によると〝荒洲田に臨む山〟のことだという。承保三(一〇七六)年秋、白河天皇が、

大井川古き流れを尋ね来て、嵐の山のもみぢをぞ見る。　(『後拾遺集』巻六)

と詠まれた。〝アラシが吹いて、美しい紅葉を散らさないでくれという心だ〟と解釈したくなるが、嵐山とはあらし(嵐)が吹きやすい山ではないという。『大日本地名辞典』によると、あらすは松尾

の古名で荒樔田（あらすだ）にある山が嵐山だという。このあらすだは荒洲田（荒く新しい砂洲からできた田）である。また、近くの有栖川の〝ありす〟も嵐山のアラス（荒洲）と同じく、川の中の洲に由来する。また、加佐郡（現福知山市）大江町の由良川の左岸の平坦なところに阿良須（あらす）の地名がある。これも同じ語源であろうという。したがって、嵐山は、結論としては、地形地名である。

四　雨・雷・雪の字がつく地名

雨の字がつく地名の分布

雨という字を使った地名の分布を図14に示す。全国的に分布しほとんど雲と同じ地域にみられる。九州の中部・南部、四国の太平洋側に少なく北海道東半分にはみられないというのが特徴である。雨という字を使った地名はこの通りであるが、別の字を使った地名でも雨の多い所を示す地名がある。たとえば、天城山（あまぎやま）など、あめとよんで天という字のつくのは豪雨のある所に多いといわれている。

雨（アメ）が（アマ）となり天（アマ）と結びついた例は、京都・福知山市の天田（アマダ）にもみられる。天田は浸水しやすい盆地で、ここで由良川が大きく曲流し、土師（ハゼ）川と和久（ワク）川の二支流が合流する。天田（アマダ）は本来は、アマ（海人）の開いた田であったが、やがて、乾

図14　「雨」という字を使った地名の分布

いた年には天に向かってアマ（天）水を乞い、大雨のときには冠水するので天田（アマダ）とよんだという。和久川の平地の中央には天照玉命（アマテルタマミコト）神社があって、姫髪（ヒメカミ＝日女神）山の里宮の位置にある。

農耕のために必要なよい日照を祈り、大雨の被害を忘れぬための神の名であり、また地名だと思われる。

雨池（あめいけ）・天池（あまいけ）は全国に多いが、中部日本以西にとくに多い。天池出（あまいけで）・甘水（あまみづ）・阿万浦（あまうら）・有眞香（あまか）・天河内（あまがうち）・天掛け（あまかけ）・尼崎（あまがさき）・天下島（あまがじま）・尼ケ庄（あまがじょう）・天ケ須賀（あまがすか）・天方（あまがた）・尼ケ谷（あまがたに）・尼ケ辻（あまがつじ）・天ケ森（あまがもり）・天ケ谷（あまがや）・天川（あまかわ）・甘木（あまき）など、一四四の「天」・「尼」・「甘」などに転化した雨に通じる地名が江戸時代にしられていた。ただし図12にはこのような地名を含めていないので、もしこれを含めると非常に多い数となろう。1章に日照・日射地名と風地名についで雨地名がわが国で多いことをのべ、これが中国と大きな差であることを指摘したが、もし「天」・「尼」・「甘」などをくわえると、おびただしい数になり、湿潤多雨気候のわが国における雨地名がいかに多いか、その特色が明らかになろう。

雨がつく山の名は全国にたくさんある。これは、雨乞いの対象であったり、〝この山に雲がかかると雨が降る〟というような、その土地固有の天気変化の予知に重要な鍵であったりするからである。

広島大学の総合科学部自然環境研究コースの永木庄治の卒業論文は中国地方の気候地名全般を扱った。その中で、雨に由来する地名の記述はとくに興味がある。雨内（あまうち）、雨が原（あまがはら）、雨連（あまつら）、雨坪（あまつぼ）、雨迫（あまさこ）、雨木（あまき）、雨が浦鼻（あまがうらばな）、雨土地（あまとち）、雨桑（あまぐわ）、雨振（あまふり）、雨乞（あまごえ）、喜時雨（きじう）、雨滝（あめたき）、根雨（ねう）、根雨原（ねうばら）、雨川（あまかわ）をあげた。そうして、「雨乞い」に関連した地名（山名）は降水量の比較的少ない乾いた地域に多いことを明らかにした。

倉嶋厚は雨告山（山形）、雨包山（愛媛）、雨見山（群馬）、雨降山（神奈川・福島・群馬）、雨山（大阪・和歌山）などは、いずれも海抜一〇〇〇メートルの山で、雨乞いのために登るのにつごうよく、山雲がかかりやすいためだとのべている。たしかに山地の斜面でもっとも雨が多い高度はわが国では一〇〇〇〜一三〇〇メートルである。

雨の字がつく地名の二、三の考証

長野県北佐久郡立科町の「雨境峠」は、字だけからは天気境界を示す気象学的に興味のある地名の好例のように思える。しかし、『「峠」地名の研究』（桐原健）によると、古代には山の鞍部を道が越すところは坂（さか）とよばれており、信濃の文献では〝とうげ〟がでてくるのは一三世紀という。

雨境峠（天坂峠）には五世紀の祭祀遺物が出土し、中世に築造した石塚があり、境の神、塞の神の性格をもつ峠神を祀る。また「サイの河原」がこれに接してある。「境」はたんに「坂」から転じたものとすると、その地形や高度から〝雨がよく降る峠〟であって、必ずしも〝雨が降る地域境の峠〟でなくてもよいかもしれない。いや、むしろ桐原健の説を私はとりたい。雨境峠は平城京以前の東山道が通っていたといわれ、市川健夫によると信州ではもっとも古い峠道のひとつである。前述のように雨の域の境の峠ではないとしても、気候全般としては、佐久、諏訪、小県の境界になっている。

奈良県には雨包（あまつつみ）という地名が一七例あり、「雨堤」・「雨包」・「アマ堤」・「尼堤」などの文字を使う場合もあり、山間部から平坦地部への移行地域に分布していると池田末則は指摘している。池田の研究によると、次の通りである。すなわち、

『万葉集』巻四に「雨障《あまつつみ》常する君は久方の昨夜の雨に懲りにけむかも」

同巻に「久久の雨も降らぬか雨乍見《あめづつみ》　君にたぐひて……」

巻一一に「かさなしと人には言いて雨慎み泊りし君か姿し思ほゆ」

巻一六に「とぶ鳥の飛鳥壮が霖禁《ながあめ》……」

とある。雨障、雨慎み、雨乍見の語は「天つ罪」のことではなく、雨季の旧暦五月の居籠りを意味する。アメは雨で、ツツミはツツシミで、梅雨季の田植え時期における物忌みと解釈される。農民の男女がそれぞれ別に籠り屋にこもって禁欲生活にはいり、雨季の物忌みをするところであって、農民が田の神にたいして祈りをするところだという。これが地名になってのこっているのである。

雷の字がつく地名

雷という字を使った地名の分布を図15に示す。きわめて特徴的なのは、中国や四国にはまったくないことである。九州・近畿・中部地方にやや多く、北陸から東北地方南部を経て東北地方さらに北海道の半島部まで分布する。おそらく、後者は冬の雷の分布との関係が考えられるであろうし、中部以西の近畿・九州の例は夏の雷との関係を考えたほうがよいと思う。

雷（いかずち・いかつち）の一字の地名が多いが、雷土（いかづち）が新潟県にあり、雷山（かみやま・いかづちやま・らいざん）・雷原（いかづちはら）・雷神（らいじん）が福島県にある。五十土（いかづち）が千葉県にあり、同じ発音となるが、これは、秋田県の五十土（いがっち）や、五十嵐（いがらし）・五十谷（いかたに）・五十畑（いかばた）などの別系統の地名であろう。

写真3　古河市の雷電町交差点
今はない.

雷電（いかづち）という書き方もあり、古河市には雷電町がかつてあった（写真3）。江戸時代、岩代の国には雷林（かみなりばやし）があったことがしられており、雷門（かみなりもん）が東京浅草にあり、いずれもユニークな地名である。福島県に雷にかんした地名が多いのはどうしてなのか、理由はいまのところ不明である。

池田末則の香山・鳴神にかんする考察は非常にくわしい。

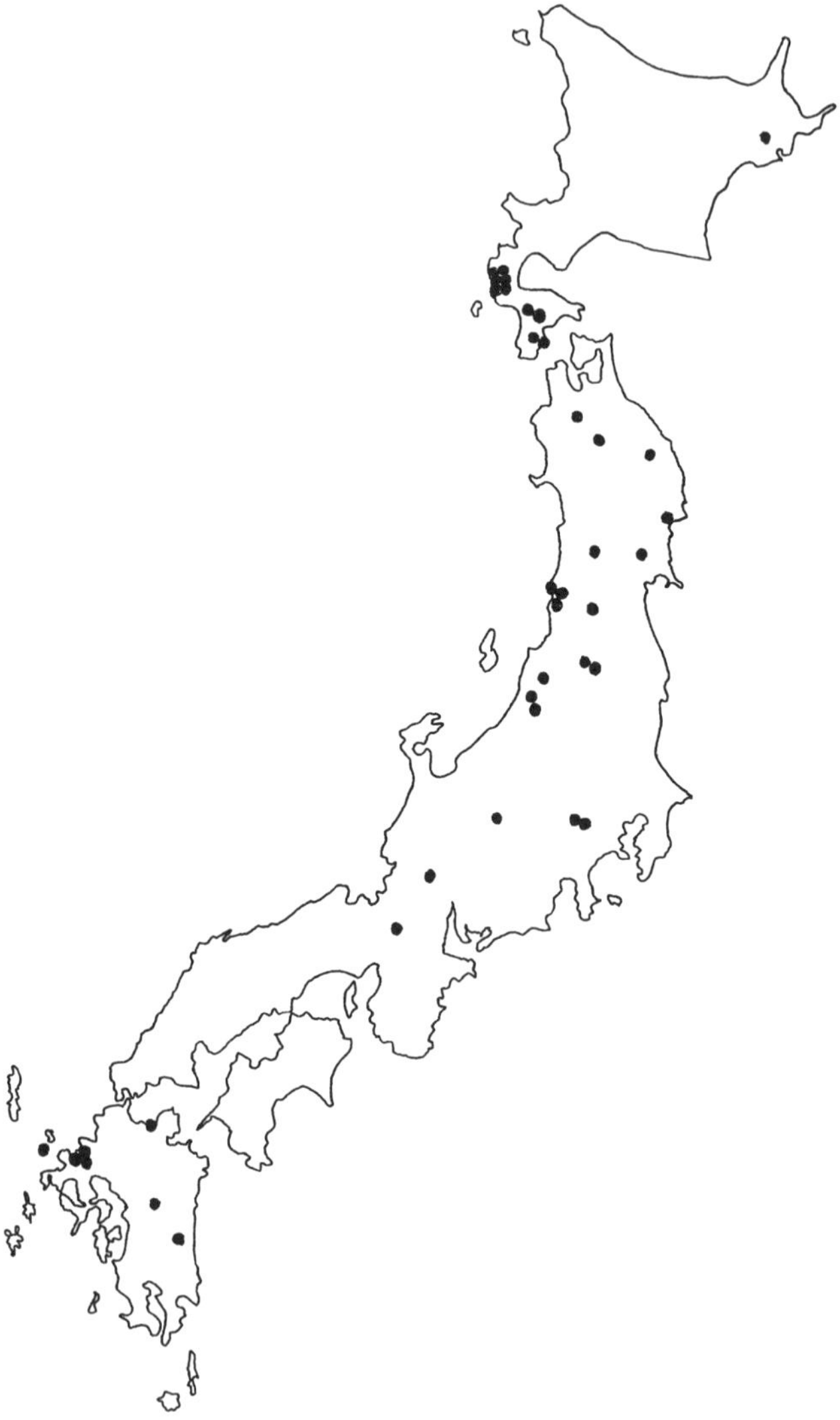

図15 「雷」という字を使った地名の分布

いまその一端を紹介すると次の通りである。橿原市の天香山（あめのかぐやま）は大和三山のひとつとして古くから記されている。天香山は天降りつく山で天山である。奈良市の春日山中の香山（こうぜん）には鳴雷神社が鎮座し祭神は鳴雷神である。香土（かっち）は〝いかつち〟の略で、母音が脱落した語だという。また、神山・雷山（かみやま）として神聖視し、神山に高山（こうぜん）と音読、香山の佳字を用いたのであろうと推定している。天ケ山→天香山→天ノ香久（具）山→香（高）山の順に転化し天は美称となったと池田は考えている。

明日香村の神奈備も同じく神岳で、かみのもり（神の社）からかみなりとなり雷の文字をあてた。そして雷神説話を生んだのではなかろうかという。鳴神は雷鳴がして雨が降る所で、のちに雨乞いの神として信仰の対象となった。結局、雷山（かみやま）・神山（神野山）・高山・香山・鴨山はいずれも雷神・鳴神すなわち「水の神」信仰に結びついた同義語であるとされている。

岩手県の神成山（かんなりやま）にかんする小島俊一の考証は次の通りである。雷鳴のイカメシキナリ（猛めしき鳴り）を早口で発音すると、イとキを落としてメシが縮約されてカミナリ（雷）、省略でカミ（雷）となる。イカツキ鳴りはイカツチ（雷）、イカツキなりのキが子交（kt）でイカツケ（雷）になる。またカンダチ、カンタツは雷、雷神で、カンナリ、カンダチは雷鳴りであるという。雷神山は陸前の高田や花泉にあり、金成山は江刺、金成（かんなり）または神成（かんなり）という地名は岩手県内に一〇を数える。遠野松峠では雷（いかずち）と読ませるのもおもしろいが、さらに雷峠

（いかとうげ）というのが岩泉の小川にあり、雷田山（いかだやま）というのもある。八戸市付近で雷のおちた木をイカズツといい、雷のおちた田をモリというと菊地正男は記している。

氏名でも雷は隣国の中国に多いが、日本ではない。しかし、岩手県紫波郡紫波町の日詰（ひずめ——これも気候地名だが——）には雷久保（らいくぼ）という氏名があり非常にめずらしい例である。岩手県には雷地名が多いことと関係があるかもしれない。

カンナリという地名でも、宮城県の金成町は金生（かんなり）で、金田から金成になった古くからの産金伝説の地であろう。もはや、気象現象とは関係ない。茨城県の土浦市の北に神立（かんだつ）があるが、これは雷であろう。夏の関東平野における雷雲の主要経路のひとつにもあたっている。

東京の江戸川区の現在の東葛西三丁目・四丁目付近は以前、雷とよばれていた。江戸川と荒川に挟まれた河口部で、ここだけが雷が多いわけではないが、東京付近を南下する雷の経路にあたっているところである。

雪の字がつく地名

日本は緯度のわりには雪が多い。北陸や中部山岳地帯の積雪は世界的にみても深いことでは指折りの地域である。

おもしろいのは、日本の中で、豪雪地帯に雪の字がつく地名が多いわけではないことである。とくに日本海側に多くもない。図16にみるように、東北地方の北部、秋田・青森・岩手などに多いのが特

図16　「雪」という字がつく地名の分布

徴である。ことに岩手県の雪洞（ゆきぼり）、雪落（ゆきおとし）、雪屋（ゆきや）など興味ある。菊地正男によると雪洞（ぼんぼり）は pon-poru の転訛で小洞穴のことだという。そうとすれば気候とは関係ないことになる。太平洋側にはもちろん雪地名は少ないが、東京の雪ケ谷（ゆきがや）の例があるように、まったくないわけではない。

越後の国の雪（ゆき）はさすがにそのものずばりの地名だが、雪入（ゆきいり）、雪田（ゆきた）、雪見（ゆきみ）、雪谷（ゆきや）、雪浦（ゆきのうら）、雪野（ゆきの）、雪森（ゆきもり）、雪輪（ゆきわ）、雪沢（ゆきさわ）、雪ノ下（ゆきのした）、雪御所（ゆきごしょ）など、いずれも美しい地名である。これは雪景色のイメージからばかりでなく、ユキという発音のひびきのよさにも関係しているのではなかろうか。一方、アイヌ語との関係もある。雪浦は（Yuk-orarai）の変化で、鹿のいないところ、雪畑は（Yuk-patpatke）で鹿のはねているところ、雪屋は（Yuk-yange）の省略形で鹿を供物として捧げるところ、雪沢はアイヌ語の鹿の居る沢の意味ではないかと菊地正男はいう。

五　霧・霞・雲の字がつく地名

霧地名の分布

図17は霧という字を使った地名の分布図である。この図をみると東北・三陸沿岸・北海道の南東部

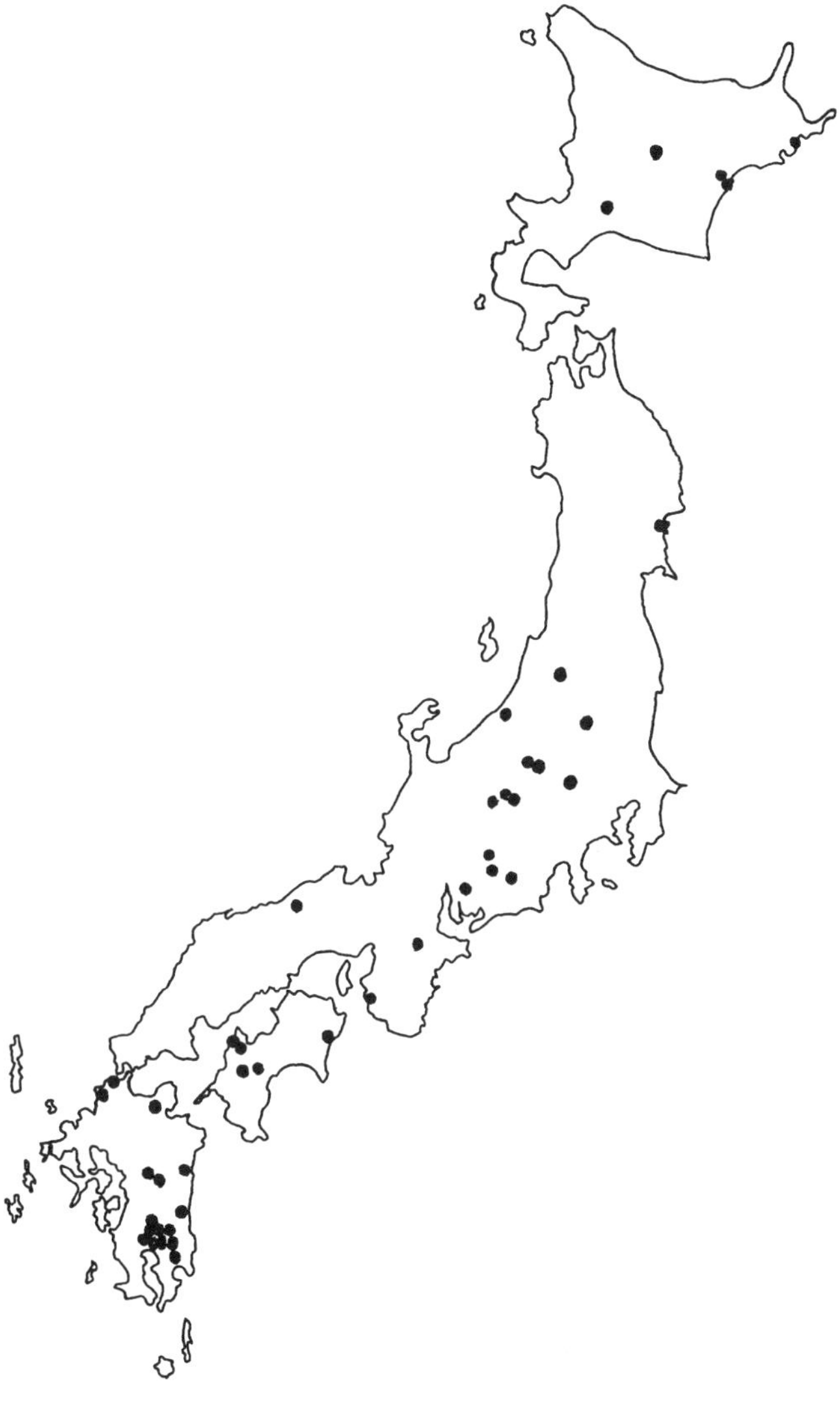

図17　「霧」地名の分布

沿岸に例外はあるが、一般的には海岸部に少なく山間部に多いことがわかる。

これは明らかに気候学的に霧の多い地域に一致している。すなわち東北・三陸沿岸・北海道の南東部は初夏、オホーツク海高気圧からの冷湿な北東気流が海岸に霧をもたらす。北海道ではこの霧をガスとよぶ。東北地方の三陸沿岸では〝やませ〟とよび、これが発達すると凶作になるのでむかしから農民は注目していた。アイヌ語でウララ（Urar）は霧、雲のことでウラウシナイ・ウラシナイ（Urar-ushi-nai）は霧のたちこめる沢のことで、関連する地名は多いことを木村圭一は指摘した。

山間部の盆地や谷間の霧は春、秋の高気圧性の天気のときよく発生する。長野県の霧ケ峰（きりがみね）などはもっとも有名だが、これは、夏の午後などとくに強い上昇気流によって山地の斜面には雲がかかるが、この雲は、その山に住む人びとにとっては霧である。霧ケ峰や霧積山などはそれを端的に表現したものと思われる。日光の霧降高原（きりふりこうげん）も同様である。谷間の例では群馬県川場村湯原に霧久保というそのものずばりの地名がある。

霞の字がつく地名

次に霞という字を使った地名の分布図を図18に示す。数は非常に少ないが、あとでのべる雲の分布（図19）とほぼ同じような地域に多い。東北地方、北海道にはほとんどない。気温との関係なども考えられよう。東北地方では海岸部に二つの例があるだけである。岩手県の下閉伊郡山田の霞露崎（かろざき）や霞露ケ岳（五〇四・二メートル）があると千田清は記述している。ただし、一般人には〝霞〟と

図18　「霞」という字を使った地名の分布

〝もや〟は区別がつかない。〝もや〟は地名にはなりにくいが、霞は〝花霞〟というように日本人にはよいイメージがある。

霞ケ関（かすみがせき）は日本の主要官庁が集中している地域で、官庁街の代名詞になっており、地下鉄の駅名でもある。どうして霞ケ関という地名が生まれたかについては明らかではない。地形的には山の手台地の末端部である。この付近は、溜池（ためいけ）とよばれる低地から、前に記した日比谷につながる低地で、秋の高気圧性の天気の朝など、水面の温度はまだ高いが気温は降下するので霧が発生しやすい。日中は、上野・日本橋にかけた下町には江戸時代以来すでに人口が集中していて、わずかとはいえ、いわゆるヒートアイランドが形成されていたと推定されるので、山の手台地からはそれにつづく低地はかすんでいたことが想像される。それにしても、関所があったわけではないので、私の説も推定の域をでない。

〝まれに汚職事件などが起こると、雲を霞と逃げかくれする人たちが働いている土地の名〟とするウガッタ解釈があるが、日本ではもちろん、外国でも、その土地に働いている人びとの素性が地名となっている例はまったくないので、この解釈は只のオハナシである。ここで働く方々はどうかご安心下さい。〝霞〟はやはりこの土地に結びつく自然現象と私は理解します。

霞ケ関付近には桜田をあたまにつけた町がむかしは七カ町あった。本間信治によると慶長七（一六〇二）年ごろ、麻布桜田町も江戸期に霞ケ関から麻布の原野へ替地としてわかれてきた所で昭和四二

（一九六七）年まであった。虎ノ門から愛宕のあたりまで田んぼで、あぜには桜の木が何千本とあったという。しかし桜田は〝谷間〟を意味し、桜の花の桜ではないという。とすると、〝花霞〟のイメージもやはり夢であろうか。

雲の字がつく地名

次に雲という字を使った地名の分布図（図19）を示す。全国的に分布するようであるが、おもしろいことには九州北部をのぞいて、九州と四国の太平洋側には少なく関東地方の平野部にも少ない。多いところはちょうど寒帯前線帯で雲の発生がよくみられる地域と考えることができよう。しかし九州のほとんどと四国の太平洋側に少ないということは今後の研究をまたねばなるまい。

島根県の雲山（くもやま）、伊豆の雲見（くもみ）は、雲がかかる山と理解もされるが、雲部（くもべ）あるいは、滋賀県の雲名（うんな）、新潟県の雲洞（うんどう）、高知県の雲耕（うずのう）、岡山県の雲通（うずい）などの解釈ははなはだ困難である。

雲井（くもい）は山形・岐阜・滋賀・大阪・大分などの諸府県にあり、雲井通（くもいどおり）は兵庫県にある。雲金（くもがね・くもかね）、雲ケ畑（くもがはた）、雲河原（くもがわら）、雲城（くもぎ）、雲沢（くもさわ）、雲路（くもじ）、雲然（くもしかり）など、空に浮かぶ雲とは結びつかず、むしろ山の斜面にへばりつく雲のイメージであるところがおもしろい。

前記の雲ケ畑は京都市北区の北西方の六〇〇～七〇〇メートルの丘陵地をきざむ小さい谷の中にある中津

図19 「雲」という字を使った地名の分布

川（海抜約二五〇メートル）の集落の近くにある。雲ケ畑は四〇〇～四五〇メートルの斜面で現在は広葉樹と針葉樹の林になっている。集落からは〝雲がよくでるところ〟という実感はあろう。雲路とは久茂地（くもじ）のあて字で奥まった土地、または外側の土地の意味かもしれない。三重県や新潟県には雲出（くもづ）があるが、あとでのべる出雲（いずも）と字の順が逆であるばかりでなく、雲が出る山地を想わせる。

福井県大野市の南に雲川（くもかわ）という川があるが、ここの中心集落は熊河（くまかわ）で、奥まった谷川の「クマ川」が「クモ川」となったと容易に考えられる。『出雲国風土記』に久毛等浦（くもとうら）の名があり、現在は雲津（くもつ）になっているが、地形的には入り込んだ浦である。右に幾つかあげた雲のつく字は、もとは奥まったとか入りこんだという意味だとすると、地形的に理解できる場合が多い。このような考察は吉田茂樹の『地名の由来』にくわしい。しかし、ではどうして〝雲〟という漢字をあてたのか、これが次の問題としてのこる。日本人は、雲という字を好んだのであろうか。

そういえば、東雲（しののめ）など、地名としても氏名としても、どこか古い日本の香りがする。

岩手県には雲南（うんなん）が一一、雲南田（うんなんだ）五、雲南沢（うんなんさわ）三、その他、運南（うんなん）二、大名田（おなだ、うんなだ）などがある。これについてはあとでのべる（4章の六）。

出雲

大化改新によって出雲（いずも）の国が定められた。天平五（七三三）年にできた『出雲国風土記』では八束水臣津野命（やつかみずおみつのみこと）が詔して「八雲立つ」と仰せられたので八雲立つ出雲と書いている。古くは「黄泉国」・「夜見之国」（よみのくに）または「根の国」とよんだ。のちに雲州（うんしゅう）ともよんだ。

〝出雲〟〝恵雲〟は郡・郷の名であった。〝いずも〟と〝えども〟は同義語で、イズモのイは接頭語、ツモ・ツマは端の意味で出雲の国の端にあるからこの名がでたと池田末則はする。国名として出雲がつく前はエトモという名であった。アヅマのアは接頭語で、東をアヅマと読むのもこの地域を中心とした当時の日本文化の東進を意味するのではなかろうかと池田はのべているが同感である。

アはイまたはオに転じるのでアヅマがエトモ・イツモに転じたと考える。

とすると、気象現象の雲とはまったく関係のないことを注意しておきたい。アヅミは安曇・安積・渥美・厚美・淳美などになって瀬戸内海から東海道沿岸に分布している。大和の国にも出雲（いずも）があり野見宿禰の出雲伝説がある。

さてさきにのべたエトモであるが、右のような解釈の他に、アイヌ語でも解釈できるという。アイヌ語の岬はエンルーム（Enrumu）で、発音を聞くとエンズーモときこえ、これがエトモ（Etamo＝Entomo）になったのではなかろうか。鼻のように細い岬についたアイヌ語の地名がエトモである。

それにモイという湾の地名がついたのが出雲（いずも）となったと菱沼右一は書いている。出雲の国には他にアイヌ語起源と考えられる地名がないので、エトモだけアイヌ語で解釈できるというのもふしぎだが、おもしろい解釈のひとつとして紹介しておく。

六　日本の気候地名からわかること

気候地名分布の問題点

これまで、日照・日射・風・雨・雷・雲などの気候要素をとりあげ、その文字を使った地名の分布を示し、その結果を考察してきた。

雪・霧・雲などのように、日本におけるこれらの気候現象が顕著な地域にこれらの文字を使った地名が多いことを示した。あて字の例もたくさんあることを示した。

では、実際の自然現象の分布と、その字を使った地名の分布とがどのくらいよく対応しているか、植物の例で調べてみた。これはその気候現象の存在、すなわち発生頻度と地名の結びつきを判断するひとつの傍証となるであろう。

まずツバキであるが、ツバキという字を使った地名の分布を図20（a）に示す。それから実際のツバキの分布を図20（b）に示す。

図20(a)　「椿」という字を使った地名の分布

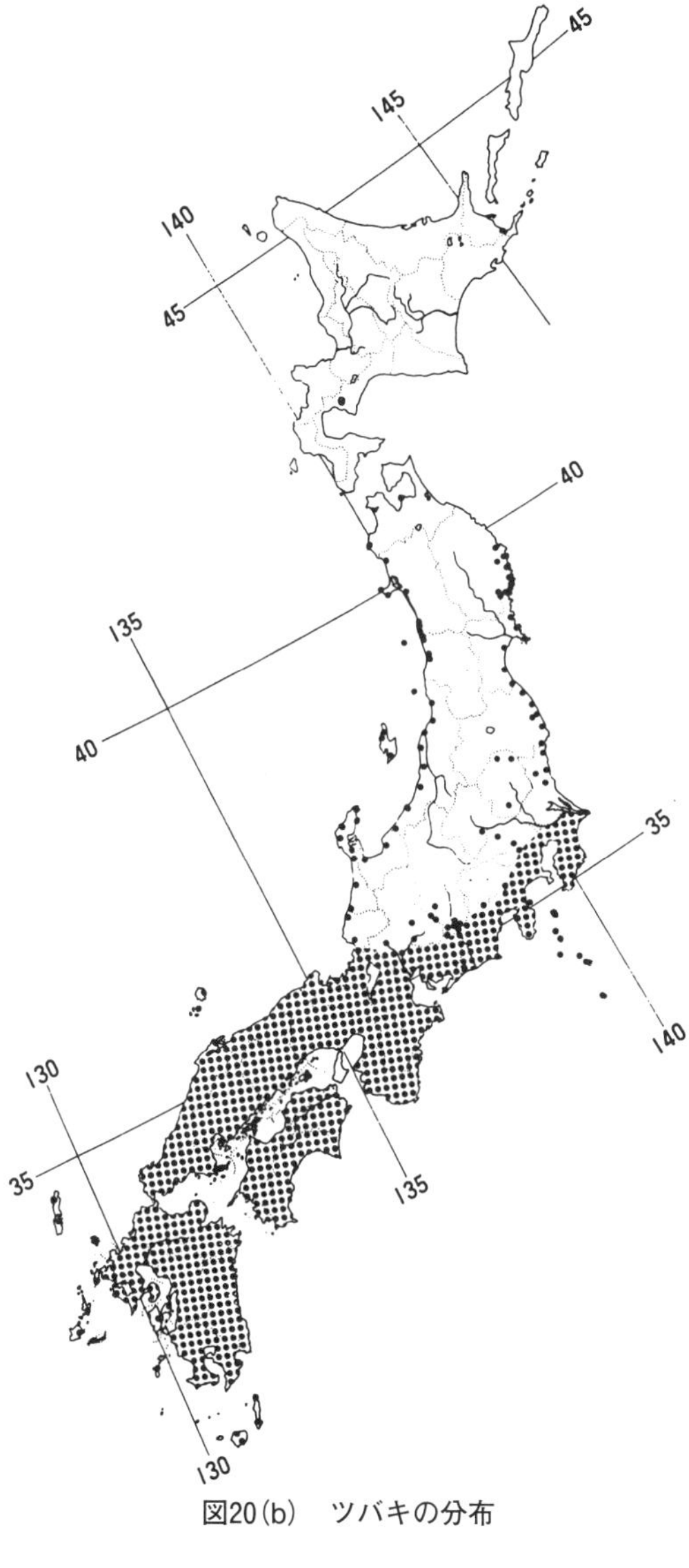

図20(b)　ツバキの分布

椿にはいろいろの分類学上の椿が考えられるが、実際の人びとにとっては、それほど分類学上はっきりしたものとも思われないし、いろいろな椿の全部の分布図は求められないので一例としてヤブツバキの分布を示す。この両方の図を比較すると、北海道にわずかの例を除いて、分布しないのはよく一致し、東北地方の北部山岳地帯にない所もよく一致する。また中部地方の内陸部とくに長野県、東北地方南部福島県などもある程度一致し、ヤブツバキの分布とツバキの地名分布とは一応、対応しているとみてもよかろう。

次に樺の分布を調べてみよう。その樺を使った地名の分布を図21に示す。その地名と植物の樺の分布（図は省略）をみると、中部地方以北にカンバは分布し、また紀伊半島、四国地方の山岳にも分布し、地名の方もこれと非常によく一致している。ただし北海道東半分をのぞく。しかしながら植物のカンバは四国や中国の一部、九州にもところどころに数は少ないがみられる。倉田悟によると、高知ではアサダ（*Ostrya japonica*）をカンバというとあり、同じカンバという呼称でも違った植物であると指摘している。四国、九州の不一致はこのためと考えられる。したがってツバキとカンバの二例ではあるが、実際の植物の分布と植物名を使った地名の分布とはおおまかには対応していると考えてよかろう。金井弘夫によると、地名と植物名の分布は関係があり、その地域の植物にちなんで地名をつけることが多いといえるとのことで、トチ（栃）、クス（楠）などは非常によい一致を示す。この事実は、気象あるいは気候地名の分布の考察にも取り入れてよいと思われる。つまり日向・日影・風な

図21　「樺」という字を使った地名の分布

写真4　秋田県の夏瀬温泉
冬季間も営業の表示がある.

どの字の多い所は気象現象あるいは気候現象頻度が多いところとほぼ一致している証拠になろうと思う。

四季と地名

夏・冬とか、寒い・暖かいという字を使った地名を調べるのも気候にかんした地名の研究ではかくことができない。夏という字を使った地名では夏山・夏焼・夏井・夏樹など非常に多い。日本では夏が非常に多いのにたいし、冬という字を使った地名は少ししかない。たとえば冬田・冬野・冬原（ふゆばる）などである。日本全国の集計では春・夏・秋・冬を使った地名は、春六〇、夏八四、秋一六六、冬一五である。この数字が何を意味するかにわかには説明できない。しかし、オーストリアでは夏が非常に多く、次いで冬で、秋はわずか、春はまったくない。両国の差はきわめて明らかである。

次に寒い・暖かいという字を使った地名だが、日本では上記の夏と冬の関係の逆である。すなわち寒いという字を使った地名はたくさんある。一方、暖かいという字を使った例は暖日山（ぬくびやま）一つしか知られていない。こういう対照は非常に興味がある。プラスの環境とマイナスの環境に対する人間のパーセプションの差でもあろう。写真4は夏瀬温泉の標示だが、「冬期間も営業」の標示は、夏という字が入る地名のパーセプションが存在する証拠のように思える。

日本の気候地名の特徴

さて、このようにみてきた日本の気候地名の特徴は、次の通りにまとめられる。

（1）日照・日射条件を表現する〝日〟の字がついた地名がもっとも多い。

（2）次いで、〝風〟の字がつく地名が多い。

（3）第三位の出現頻度が多いのは日本では〝雨〟である。隣邦、中国では〝雷〟が第三位である。

（4）春と秋の文字がつく地名が多い。隣邦中国でもおなじだが、ヨーロッパでは夏と冬が多いのと明らかな差異がある。

分布でみると、次のような特徴がある。

（1）〝日向〟は中部地方と東北地方に多い。〝日浦〟は〝日向〟の古語で、四国に集中する。

（2）日向・日浦に対応している日影は中央日本と東北日本に多い。

（3）地名が変遷する場合、日陰・日影など、日照・日射条件の悪いことを表現する地名が、日向より先に消える。これは右にのべたマイナスの環境にたいする心理的反応の結果であろう。

（4）同じく、朝日、旭がつく地名がのこりやすく、多く現存するのにたいし、夕日、入日などがつく地名や山名はほとんどない。

あて字、表記文字の転化などがあって、日・風などの気候要素の文字があっても、かならずしも気候条件を反映していない。比叡・日枝・日吉（ひえ）の転化や、あるいは、日比野・日比田などがヒビ（イヌガヤ）の生えている低湿地をさしている例、嵐山は荒洲山から転化した例などがある。

具体的に局地的な気候条件と結びついているのは〝風〟地名に多い。風越峠、風返峠など敏感に反応して地名がついている。東風泊、南風泊など海上交通とも関連して名がついた。

〝雨〟は〝天〟に通じ、雨乞いや水の神信仰にも結びついている。雷地名は、関東では雷の局地性と一致している。

3章　外国の地名と気候

一　ド　イ　ツ

これまでの研究

一九九二年からドイツに毎年一カ月ほど滞在する機会にめぐまれた。暇をみつけてはマインツ・ボン・ハイデルベルクなどの大学の図書室でドイツの地名学は気候地名をどうこれまで扱ってきたかを調べた。しかし、行くべき棚を間違えたのか、あまり、わたくしの希望に沿う本も論文も多くは見い出せなかった。

ただひとつ、アドルフ・バッハの『ドイツ地名学Ⅰ、Ⅱ』という一九五三・一九五四年にでた、二巻の書の中には、さすがに記述があった。彼の考証はきわめて微に入り細に入るが、やはり気候にかんした記述は一〇〇〇ページをこす全二巻の中で、わずかに三～四ページしかない。植物や、水、地形などにかんした地名の記述の方が多いのと比較して、気候地名についてはこれからの研究がまたれることが、はっきりした。以下少しその中から興味のある地名を紹介しよう。

ヴィンデン（Winden）、ヴィントホフ（Windhof）、は風地名で、フランスのモンヴァン（Mont ventoux, mons ventosus）、フロア・ド・ビース（Froi de bise）、ヴァン・デ・ビース（Vent de Bise）などの使い方に相当する。風が強い位置についた地名として、ヴィントフォッホ（Windfoch）、ブラースベルク（Blasberg）、シュヌーレ（Schnurre）、アルレンリューフテン（Allenlüften）などがある。

気候的な条件がよくない土地にはラウ（-rauh）という語をつけて地名としていることが多いことを、有名なグラートマンは『南ドイツ地誌』に書いている。しかし、〝平坦でない〟・〝不毛な〟などという意味にも使われて地名となっている場合もある。ドンナースベルク（Donnersberg）とは、直訳すれば、嵐山である。日本の古都にも嵐山があるが、気候地名でないことはそこでのべた通りである。ドイツでも、そこがそれほど荒れる地域ではない。ヴェッターベルク（Wetterberg）は直訳すれば天気山だがむしろ悪天山または雨山である。

ひとつ、むずかしい転化にヴァアイエンベルク（Waaienberg）という地名がある。これは、〝風が吹いているところ〟というヴェエンデン（Wehenden）、つまり風の強い山を意味している。

太陽の日あたり、日照にかんする地名はドイツではゾンマー（Sommer）やゾンネ（Sonne）やそれの変形で表す。たとえば、ズンネブルンネン（Sunnebrunnen）やズンネンベルク（Sunnenberg）、ズマールベルヒ（Sumarberch）は一一～一二世紀の文献にでてくる。日照条件がよく残雪が早く消える土地にはゾンマーハルデ（Sommerhalde）という名がついた。アェバー（-aeber）という地名は、雪が早くなくなる土地に中世よくみられた。アーバー（-aber）もその転化である。バイエルンにはアェファー（Äfer）という地名があるがこれも同様の系列にある地名である。

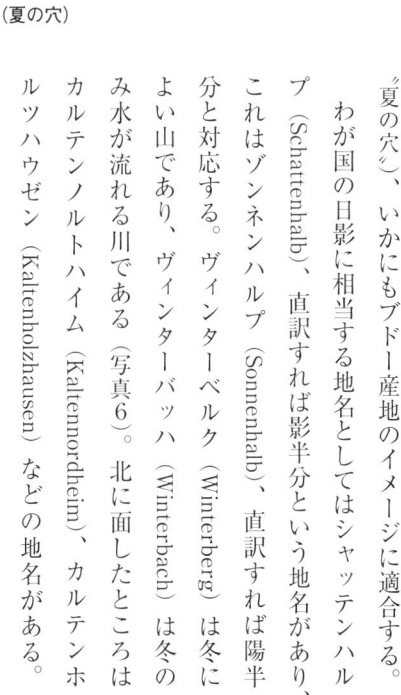

日照条件が局所的によいところをニッツァ（Nizza）とよぶ。フランクフルトやヴィスバーデンやエムスなどにその例がある。写真5はザールラントのワイン産地の小村ゾンマーロッホ（直訳すれば“夏の穴”）、いかにもブドー産地のイメージに適合する。

写真5　ナーヘワインの産地，ゾンマーロッホ（夏の穴）

わが国の日影に相当する地名としてはシャッテンハルプ（Schattenhalb）、直訳すれば影半分という地名があり、これはゾンネンハルプ（Sonnenhalb）、直訳すれば陽半分と対応する。ヴィンターベルク（Winterberg）は冬によい山であり、ヴィンターバッハ（Winterbach）は冬のみ水が流れる川である（写真6）。北に面したところはカルテンノルトハイム（Kaltennordheim）、カルテンホルツハウゼン（Kaltenholzhausen）などの地名がある。カルテ（ル）ヘアベルゲ（Kalte(r)herberge）は、イギリスのコールドハーバー（Coldharbour）に相当し、ドイツでは歴史的には比較的新しい集落によくついている。

次に、氷や雪にかんするドイツの地名を紹介したい。氷河は英語でGlacier、ドイツ語ではGletscherであるが、これはレートロマン語からきている。スイスのヴァリスその他にはグレッチュ（Gletsch）とか、グラッチュ（Glatsch）という名の集落があり、これに起因していることは、外国人のわれわれにも想像がつく。またスイスやオーストリアにあるフィルネン（Firnen）やフェルネー（Ferner）も、スキーを好む日本人ならば〝フィルン〟などから類推して考えることは容易である。

オランダからドイツに入るライネ川という小さい川があるが、その上流部の流れに沿ったところにシュネーン（Schneen）という地名がある。これはいかにもドイツ語の雪（Schnee）と結びつく地名のように思われるが、早トチリしてはいけない。これは古語のスネウィディ（Snewidi）が転化したもので、雪とはかかわりがないという。

写真6　ドイツのヴィンターブルクとヴィンターバッハ

直訳すれば“冬の城”と“冬の小川”か.

ザールラントの海抜五五〇～六〇〇メートルの台地にシュネーベルガーホフ（Schneebergerhof）という小集落がある。直訳すれば〝雪山人の家〟である。この付近、古くからの集落は、微地形的に窪地にあるが、ここだけは例外的に吹きさらしの位置にある。これは、近くにその名もズバリのアルトホフ（Althof）という古い集落から分かれたものであろう。台地上は風が強く偏形樹があり、風車があり（写真7）、冬には雪が多いのがこの地名のいわれと容易に推察できる。

写真7　シュネーベルガーホフ
（上）風が強いので風力発電
（中）卓越風による偏形樹
（下）小さい村の入口

風が好きか、冬が好きか

さて、これまでのドイツ人の研究が右に書いたような状況だから、私のような外国人が探ってみるのも少しは意味があろうかと思った。そこで、日本などとの比較のために、雨・風・日向・日影・などの気候要素別に、どのような地名が多くでてくるかを調べた。もちろん雨という名がついていてもそこだけ雨が多いとは限らないし、風という文字が使われていてもそこだけが風が強いとは限らないことは言うまでもない。しかし、その土地の人々がたとえば風にどれだけ関心をもち、生活体験の一部にかかわりをもっていたかは知ることができよう。こういう統計はいわゆるパーセプションの調査としても意味があろうと思う。

二〇万分の一の『ドイツ・ゲネラール・アトラス』（シュトットガルトのマイルス・ゲオグラフィッシャー書店刊）を集めた大冊の地図帳があり、それに索引があって約八万二千の地名があがっている。ここには周縁の国外の部分も少しは入っているので、ドイツのみでは約八万であろう。

表3は気候要素別と、四季別に出現頻度を調べたものである。この表3からたくさんの興味あることがわかる。まず、風がつく地名が非常に多く、他を引き離して一二七に及ぶ。この表を作って私自身驚いた。風については別にくわしく後でまたふれたい。春、夏、秋、冬の四季についてみると、春が三、夏が四三、秋が七、冬が六一で、冬がもっとも多く、ついで夏となる。これはオーストリアと比較してもかなりの差があり、同じドイツ語圏とはいえ地域的・地形的な違いが認められる。

表3　ドイツの気候地名の出現数

ドイツ語	気候・気象現象	出現数	代表的な例
Blitzen-	ブリッツ（稲妻）	1	Blitzenreute
Donner-	ドンナー（雷、嵐）	8	Donnern, Donnerstedt
Frühling	フリューリンク（春）	3	Frühling, Frühlinghausen
Hagel-	ハーゲル（雹）	10	Hagel, Hagelloch, Hagelsdorf, Hagelstadt, Hagelstein
Herbst	ヘルプスト（秋）	7	Herbstau, Herbstdorf, Herbstenhof, Herbstheim, Herbstmühle
Nebel-	ネーベル（霧）	4	Nebel, Nebelberg
Regen-	レーゲン（雨）	10*	Regendorf, Regenhütte, Regenpeilstein, Regensburg, Regenstauf
Schatt- Schatten-	シャットー（日影） シャッテンー	12	Schattbuch, Schatteburg, Shattenhofen, Schattenhaus, Schattenhausen
Schnee-	シュネー（雪）	10	Schneeberg, Schneede, Schneeheide, Schneeweiderhof
Sommer-	ゾンマー（夏）	43	Sommerach, Sommerau, Sommerberg, Sommerhausen, Sommeringen, Sommershof
Sonn- Sonne-	ゾン(陽、日向、日当) ゾンネ	41	Sonndorf, Sonneborn, Sonnen, Sonnenberg, Sonnendorf, Sonnenhof, Sonnigersteig, Sonnscheid
Wind-	ヴィント（風）	127	(別に表4に示す)
Winter-	ヴィンター（冬）	61	Winter, Winterbach, Wintersdorf, Wintersheim, Winterstetten, Wintersweiler, Winterwerb, Winterweyne
Wolken-	ヴォルケン（雲）	4	Wolken, Wolkenstein

（注　＊：Regensburgの下には11あり，これを加えれば21となる）

気候要素のうちで、風をのぞくと陽、日向、日当がやはり四一件で、夏とほぼ同数であるのはおもしろい。このような簡単な表でも、ある程度この地方の人の太陽（日照・日射）条件への生活感情と経験が表れているものと思われる。これにたいして日影は日向・日当の約三分の一であるが、好条件にたいする悪条件の認識と実際の土地利用を、インパクトの程度または強度としてもし表現すれば、このくらいの差ということであろうか。

まえに、北ドイツのシュネーンが雪とは無関係の地名であることをのべたが、ニーダーザクセンでは、Schnee-、Schiere-とは分水界のことだといわれる。とすると、表3のシュネー（雪）の例はひとつひとつの地名の由来をあたってみないといけないだろう。

日本では春と秋の字がつく地名が多い。ドイツでは冬が多いことは、やはり、比較文化論の好テーマであろう。ここでは深入りしないが、緯度、すなわち、四季それぞれの季節の長さと厳しさが、農業・牧畜業・林業などの作業期間に関係し、その結果、認識の主な対象となる季節に差がでるのだとまず考えられよう。それに、日本で秋が多いのは〝アキ〟という発音にたいする好感があるのではないかと思われ、発音がまずあってそれにあて字をした場合もあろうかと思われる。このような立場からの研究も進める必要があろう。

ドイツの風の地名

右にのべたようにドイツでは〝風〟がつく地名がめだって多い。そこで風地名をさらに少しくわし

く調べた。まず、

(一)「風」そのものが地名になっている場合、
(二)風が強い地形や位置にかんした地名、
(三)風が強い家・集落・村にかんした地名、
(四)風に関連した現象が地名になったもの、

の四つに分類した。その他、私のドイツ語の知識の限界から、分類不能(不明)がいくつもあることはいうまでもない。

表4をみると、さすがに「風」ずばりという地名は少ない。しかしヴィンデン(Winden)はもっとも多数の例がある。もっとも多いのはやはり「風が強い地形や位置にかんした地名」で、これだけでも三五になり、風地名の二六%、気候地名の一〇%を占める。次いで、「風が強い家・集落・村にかんした地名」で、三一になる。風地名の二四%、気候地名の九%をしめる。つまり、ドイツの気候地名の中で風地名がいかに多いかは表3で明らかであったが、その内容は「風が強い地形・位置・家・集落・村」にかんした地名であることがこの表4でわかった。

さらに、地形や位置の中でベルク(-berg)、エック(-eck, -egg)、フェルト(-feld)、ホルスト(-horst)など、局地気候学的に考えて風あたりが強いところの名が多いことは、経験に由来して命名された地名だからであろう。ただし、ヴィント(Wind)は、ヴェンド(Wend)、ヴァンド(Wand)などの変

表4　ドイツの風地名の内容別にみた分類とその出現数

風地名の内容	ドイツ語地名	出現数	備　考
風そのもの	Wind	2	
	Winden	16	
	Winten	2	
	Windisch	1	
風が強い地形や位置に関した地名	Windberg	4	berg は山，丘，場所
	sberg	1	
	bergen	1	
	Windisch	1	「風が強い」形容詞的表現
	+	6	
	en +	2	
	Windeck	3	-eck は岩，山の背，稜線など
	en	1	
	Windegg	3	-egg も上と同じ
	Windhag	3	-hag，-hagen は灌木原，生垣．11〜14世紀に集落名になる．
	en	2	
	Windach	2	バイエルンの川の名で，水・湿地も意味するので注意
	Windau	2	au は島または水に囲まれた土地．AD900頃より使われる．
	Windsfeld	1	-feld は野原，畑
	Windshorst	2	-horst は湿地の中の小高い土地
風が強い家・集落・村に関した地名	Windhof	7	-hof，-heim，-haisen はいずれも単数形で結合した場合の出現数が多いことに注意
	enhof	1	
	shofen	1	
	Windheim	5	
	esheim	1	
	Windhausen	8	-hausen は村のこと．集落の結合．
	hausern	1	
	eshausen	2	
	shausen	1	
	Windisch +	4	
風に関した現象が地名になったもの	Windflöte	1	いずれも1例しかないが興味ある語を連結している．
	Windfus	1	
	Windsprach	1	
	Windschlag	1	
	Windschnur	1	
	Windsteig	1	

化で、川の名でもあるので、この欄に入れるのは間違いかも知れない。今後のくわしい研究が必要である。また、ホフ（-hof）、ハイム（-heim）、ハウゼン（-hausen）は家・集落・村で人間が生活する場の気候条件を反映した地名として代表的なものと考えてよかろう。

フランクフルト南西方のザールラントの中にあるワインの産地の小村にヴィンデスハイムがある（写真8）。ここがとくに風が強いわけではないが、〝ワイン〟と〝風〟の文字がでてくれば筆者には強い魅力である。

写真8　ヴィンデスハイムの村の入口にある歓迎のカンバン

表4の備考欄に記したようにホフ、ハイム、ハウゼンはいずれもヴィントと単数形でただ結合した地名の出現数が多い。これはドイツ言語学の問題で地名学の問題ではないかも知れないが、簡単に単数名詞を結合する場合、そうでない場合の比率がここにでているのは興味あることと思う。

わずかに一例ずつしかないが、風にかんした現象が地名になったものには、注目に値する地名がある。ヴィントフレート（Windflöte）は、音楽器のフルートで、直訳すれば「風笛」となろうか。

日本でも笛吹川という美しい川の名があるのと対をなす。ヴィントシュプラッハ（Windsprach）は直訳すれば「風語」である。このような地名はじつは今回これを調べるまで考えてもみなかった美事に風の現象をとらえた表現である。イギリスにウィスパーヴァレイ（Wisper Valley）という〝風がささやく谷〟という小さい谷があるが、そこは山風が夜中にささやくように吹くという。ドイツの「風語」ではどんな言葉がきかれるのか夢想するだけで楽しい。しかし、風は荒れるとこわい。ヴィントシュラーク（Windschlag）は「風撃」とでも訳そうか。風は息をするが、それがとくに強くなると鉄槌をおろしたように屋根も壊れ樹も倒れる。風の一面をとらえた地名である。ノールウェイの首都オスロにはシャープスノ（Sharpsno　するどい風）という地名がある。これも似た表現といえよう。

雨と雷の地名

レーゲンスブルク（Regensburg）という名の都市が南ドイツにあるが、レーゲン（雨）という現象とはまったく無関係である。シュトルムフェルスとビショップのドイツ語の『地名辞典』（一九六一）によると、レーゲンという川の岸の都市だからこの名がついた。レーゲンは八八二年にはレガナ（Regana）、一〇〇九年にはレーギン（Regin）で、古いレゴンティア（Regontia）と同じで、インドゲルマン語で水を引くことを意味した語という。別の考察では、〝黒い雨〟とよばれる源流の名ではないかという。サンスクリットのラジャス（rajas）は〝黒い〟、〝にごった〟という意味で、これが古いラガナ（Ragana）つまり、〝黒い川〟に転じたのではないかという。レーゲンスブルクはドナウ川の岸にあるが、ナープ川とレーゲン川との合流点に位置する。八世紀にはラダスポナ（Radaspona）、九世紀にはレーギナ・カストラ（Regina-Castra）、レガニスブルク（Reganisburc）などの名となった。ラダスポナとは、ケルト語などで〝平野・平坦部・住む場所〟などを意味するという。いずれにせよ〝雨〟とは関係がない。

ドイツには雷（Donner）のつく地名がかなりある。これは、同じドイツ語圏でもスイスなどとは違うのでおもしろい。本章の七で、東アジアでは中国には多く、日本にはほとんどないことを指摘した。どうも興味ある現象に思われてくるが、いまのところ、これらの地域差の理由は見当がついてない。ここには雷のつく例をマイヤーの『地名・交通辞典』（Meyers Orts- und Verkehrs-Lexikon, 1913）からひろってみた。この書物は旧ドイツ帝国時代のものなので、プロイセンを含む広いドイツ（もちろん旧東ドイツを含む）の古い時代の地名がのっていて、いまの目的には役立つものである。

ドンネンバッヒャーミューレ（Donnenbachermühle　バッハは小川、ミューレは粉ひき小屋）
ドンネンミューレ（Donnermühle　ミューレは製粉所）
ドンナーミューレ（Donnermühle）
ドンネンハイム（Donnenheim　ハイムは家）
ドンネラウ（Donnerau　アウは谷底の湿地）
ドンナーベルク（Donnerberg　ベルクは山）

ドンナースベルク（Donnersberg　マインツの南西、アルツァイアー丘陵の中の六八六メートルの山。）
ドンネレッシュ（Donneresch　エッシュは耕地、田畑）
ドンナーホルスト（Donnerhorst　ホルストは藪、叢林）
ドンナースカウル（Donneskaul　カウルは Kaule で、穴のことか）
ドンナーキューレ（Donnerkühle　キューレは涼しさ）
ドンネルン（Donnern　雷）
ドンナーシュロイゼ（Donnerschleuse　シュロイゼは水門、堰）
ドンナーシュヴェ・オルデンベルク（Donnerschwee Oldenb.）
ドンナースドルフ（Donnersdorf　ドルフは村）
ドンナースハーゲン（Donnershagen　ハーゲンは生垣で囲った畑・牧場や叢林や森　ハークの複数
　ハークは英語の haw〔サンザシ〕にあたる。）
ドンナースマルク（Donnersmark　マルクは核心の部分の意味）
ドンナースロイト（Donnersreuth　ロイトは開墾地のことか?）
ドンナーシュテット（Donnerstedt　シュテットは都市・町の古語）
ドンナースヴァルデ（Donnerswalde　ヴァルトは森）

それぞれの地名がどこにあるかは省略するが、ドンナー（ス）またはドンネルンに何か地形なり、土地の状態を表わす語と結びついている。ドンネルンとは〝雷〟そのもので、これほど直接的な地名はめずらしい。プロイセンとブレマーハーフェンの近くにこの地名がある。

しかし、ドンネルンはデヌールなどという姓名が変形した可能性がある。たとえばモンターク（Montag　月曜日）、ディーンスターク（Dienstag　火曜日）……という姓名はドイツにないが、一週間のうちのドンナースターク（Donnerstag　木曜日）という姓名だけある。これは何も〝雷の日〟と直接の関係はない。今後の研究にまちたい。

二　オーストリア

まえがき

最近、オーストリアのくわしい地名リストを入手したので、これを整理してみた。そもそも外国人で、ドイツ語の素養にかけ、またオーストリアの地理学・考古学・歴史学・言語学などの知識が不充分なために、思いもよらぬ間違いをおかしているかもしれない。大小にかかわらずご教示をいただければ、まことに幸いである。

さて、一九七一年五月一二日の人口調査を基礎にして作った州別の「Ortsverzeichnis 1971」を使用した。州によって、面積も異なり人口密度・集落密度も異なるから、収録されている地名数は異な

Kärnten（ケルンテン）	Steiermark（シュタイアマルク）	Oberösterreich（オーバーエスタライヒ）	Niederösterreich-Wien（ニーダーエスタライヒ・ウィーン）	合計
8537	18500	15576	12948	76229
7	19	14	13	74
0	2	3	4	10
0	18	13	7	54
0	0	0	0	0
11	28	53	53	181
0	1	2	2	5
1	0	1	1	3
0	0	0	0	1
3	9	0	1	14
2	13	4	5	32
5	2	4	2	26
16	54	39	32	183
3	1	1	0	12
7	21	5	2	58
55	168	139	122	653

るが、オーストリア全国の合計で七万六二二九の地名が収録されている。

日本の地名の研究でも二〇万分の一の地勢図を基礎にした資料を使用する場合と、五万分の一の地形図を使用する場合との差異の問題がある。同じように、今回使用したオーストリアの資料は、「人が居住している所の名」である。したがって、当然のことながら、山の名、峠の名などは含まれていない。この点、あとで他の国の研究結果と比較する場合に注意を要する。

州別の概観

まず四季の夏・秋・冬・春の語が入った地名、風・霧・雨・雲などの気象現象が入った地名、日向・日影などの

表5　オーストリアの気候地名

	Burgenland（ブルゲンラント）	Vorarlberg（フォラールベルク）	Tirol（チロル）	Salzburg（ザルツブルク）
地名合計	1065	3219	8648	7736
Sommer（夏）	2	0	3	16
Herbst（秋）	0	0	0	1
Winter（冬）	0	1	8	7
Frühling（春）	0	0	0	0
Wind（風）	4	4	17	11
Nebel（霧）	0	0	0	0
Regen（雨）	0	0	0	0
Wolken（雲）	0	0	1	0
Donner（雷）	1	0	0	0
Schnee（雪）	0	3	4	1
Sonnen（太陽・日）	0	4	9	0
Sonn（太陽・日）	0	1	15	26
Schatten（影，陰，蔭）	1	4	1	1
Schatt（影，陰，蔭）	0	1	8	14
合　　計	8	18	66	77

局地気候条件を反映した地名などの概観をしておく。

表5にみられるように、四季のうちでは夏が七四できわめて多く、次いで冬は五四、わずかに秋一〇があって春はゼロである。日本では夏八四、秋一六六、冬一五、春六〇で、この両国の差が何に起因するのか、にわかには断定できないが、人びとが好む季節と語の音（ひびき）などに関係するのではなかろうか。

日本で、秋田、秋山、秋川といった地名がかならずしも季節感としての秋とつながってはいないし、またその季節の生活の場とは結びついていないので、語感の問題が大きいように思われる。しかし、オーストリアのSommer（夏）はあとで、各個の考察のところでふれるように、長い冬の生活から解放されて、夏の活動の場を表現する語が後に結びついて、地名となっているのがほとんどである。つまりオーストリアの生活季節と結びついたものと考えてよかろう。

次に表6では、風・雲・雨・雪・雷・霧の六種の気象現象をとりあげ、この語が含まれている地名の出現頻度（%）を示した。オーストリアと比較のために日本と中国についても示した。オーストリアの特徴は、風という語を含む地名が非常に多く、全体の四分の三に達する。

表6　オーストリア・日本・中国で6つの主要気象現象を含む地名の出現頻度

	オーストリア	日本	中国
風	76%	36%	33%
雲	1	22	38
雨	1	21	3
雪	14	7	7
雷	6	6	14
霧	2	8	5

一方、日本とか中国に多い雲の語がきわめて少ない。また日本で多い雨の語はほとんどない。ただし、雲や雨は山の名につけられることが多いので、オーストリアにかんしては今回の資料の性質が関係しているかもしれない。しかし、日本のように多くはないであろう。

オーストリアでは、雨の語が使われる地点がきわめて少ないのにたいし、相対的には雪の語が組み合わされている地点が多い。しかし、絶対数ではオーストリアでも日本でも中国でも雪は風の約五分の一である点はおもしろい。

以上をまとめると、オーストリアでは局地性がはっきりしている風・雪などの語を含む地名がとくに多い点が注目されよう。

次に日向・日影に相当する語を含む地名であるが、日向・日面・日浦など太陽がよくあたることに相当するSonnenまたはSonnがかぶさる地名は非常に多い。とくにSonnはWind（風）がかぶさる地名と全国の合計ではほぼ同数である。しかし、興味あるのはWindがSonnよりきわだって多いのはニーダーエスタライヒ・オーバーエスタライヒの両州で、一方SonnがWindよりきわだって多いのは南部のシュタイアマルク・ケルンテンの両州と、それに北西部のザルツブルク州で地域性があることである。

日影・日蔭などに相当するSchattenまたはSchattの合計は、上記のSonnenまたはSonnの合計よりも少ない。これは人間の居住環境としての日照条件が重要であるためだろう。

特色ある地名の二、三

Sommer（夏）が頭につく地名は前述の通り多いが大別して、牧野系統と居住系統にわかれる。まず牧野系統には、Sommerau, Sommerauer, Sommeralm, Sommerbergalm, Sommerhauser, Sommerbichl, Sommeregg, Sommeregger, Sommereralm, Sommerchalm, Sommerlehen, Sommerlehenalm, Sommereck, Sommerhofalm などがあり、この中でももっとも多いのがSommerauである。-alm, -au, -agg, -egg など、季節的な土地利用形式とかかわった地名である。

つぎに居住系統としてはSommerhof, Sommerstadlen, Sommerer, Sommerein, Sommerleitner,

Sommehuber, Sommerhatte, Sommereben, Sommersgut, Sommerrauergut, Sommermühl, Sommerauer-Mühle, Sommerbauer, Sommer-Wirthaus, Sommerhäuser, Sommerhaus, Sommersdorf などがある。-haus, -hof, -hütte, -mühl, -gut などの建築物がつく場合と、-er などの人をさす場合がある。

上記のどちらにも属さずその他に分類されるものとして、そのものずばりの Sommer、地形にかかわるものとして Sommerberg, Sommersberg, Sommerauberg, Sommergraben などがある。また Sommerholz は森林にかんする地名と思われる。

上記のように、夏にだけ利用する土地、家屋、建築物、人の集団を意味する地名がほとんどである。オーストリアではこれがきわめて明瞭であるから、他の季節を抜きんでて Sommer（夏）の語の利用頻度が大きいと思われる。

風

Wind と結びつく地名には Windau, Windegg, Windberg, Windhof など、ただ風が強い場所と結びついた地名が第一のグループに属する。この場合、Wind が複数形またはその変形の Winde, Winden, Windern となったり、形容詞形 Windisch となる場合も多い。たとえば、Windischberg, Windischbach, Windisch Graben, Windischhütte, Windischendorf などである。Windisch の変形として Windig を使った Windigsteig がある。

第二グループは風特有の現象を表現した地名である。Windhag, Windhaag, Windhagl, Windhagaste, Windischlehen, Windlegg, Windbichl, Winbdichel, Windpassing, Windpapz, Windschnur, Windschnure, Windblesse, Windfang などがある。

日、陽、日あたり

Sonnen や Sonn- は地名に多く使われている。すなわち Sonnenheim, Sonnenberg, Sonnenburg, Sonnenburgalpe, Sonnenburgerhof, Sonnendorf, Sonnenhalb, Sonnenfiehl, Sonnenalm, Sonnenhof, などのように、結びつく語は Sommer, Wind などですでに記した通り、オーストリアでは一般的な牧野、建築物である。しかし、二〜三の独特のものがあり、ひろってみると次の通りである。Sonnental は地形的に日照条件のよい谷を意味し、Sonnenstein はやはり日照条件のよい岩場を示すだろうし、Sonnenmarkt は日本語の青空市場に相当するかもしれないが日あたりのよい市場風景を思わせる。Sonnenzeile や Sonnenwald はやはり日あたりのよい山地斜面の森林を思わせる。

つぎに Sonn- であるが、第一グループはやはり日あたりのよい牧野や居住環境を示す語で、Sonnalm, Sonnberg, Sonnbichl, Sonnleiten, Sonnleitenerhütte, Sonnbergerhütte, Sonndorf, Sonnegg, Sonnhalb, Sonnhlf, Sonnhütte などがその例である。

第二グループは日照条件特有の地名である。

Sonnblick, Sonnschwenedt, Sonnseite, Sonnseiten, Sonnrain, Sonnwendalm, Sonnwiesen, Sonnwendbichlalm, Sonnschien, Sonnwendhütte, Sonnweg などがある。日本は風の道、霜の道などと使い、

日当道、陽の道などの語はないが、オーストリアのSonnweg（陽の道）はおもしろい。またSonnseite, Sonnseiten は日当（斜面）側を意味し、オーストリアでも山地の居住環境として、注目される地名になっている。

影、陰、蔭

Schatt-, Schatten- については、まず第一グループとしては、一般的に土地の語とよく結びつけられている。-au, -auberg, -berg, -dorf, -rein, -leiten, -leitner, -ner, -nerleher, -halb, -halbeck, -egg, -ort, -muhle などをあげたい。

第二グループとしては、Schatt-, Schatten- に特有なもので、Sonn-, Sonnen- と同じくSchattseite（日影側、日影斜面）が目につき、Schattbach（日影小川）、Schattenthal（日影谷）、Schattwald（日影森）、Schattgapl（日影小路）などがそれにつづく。Sonnseite とSchattseite は一対をなすものである。Schattseite の地名はケルンテン州五、シュタイアマルク州四、チロル州二、オーバーエスタライヒ州一、で全国で十二も存在がしられている。

なお、チロル州のインスブルックの近くにはNedertal という名の谷がある。Neder とはケルト語で日影を意味する。Neder という地名はチロル州に六カ所、オーバーエスタライヒ州に一カ所あり、さらにチロル州にはNederer Alm 一カ所、Nedenrle 二カ所があって、ケルト語に由来するNeder（日影）が使用されていることをつけくわえておきたい。

その他

雪にかんするもので、変わった地名として、フォラールベルク州にSchneeloch（雪穴）がある。また白い色を対象としてSchneeweiss（雪の白、日本では白銀と形容する）という地名がオーバーエスタライヒ州にある。またこの州にはSchneegattern（雪柵《さく》）という地名がある。

雷がつく地名は、すでにのべた通り全国的に少ないが、シュタイアマルク州には雷のつく地名が比較的多く、その中でおもしろいのはDonnerweg（雷道）という地名がある。

夏についてはすでに右にくわしくのべたが、冬ならではの地名として、Winterstall, Wintersteller, Winterstube, Winterbrücke がチロル州にある。

三　スイス

フリューとスイスの気候地名

フリュー・〝先生〟の横顔についてまず、少し書いておこう。

スイスの地理学者ヨハン・ヤコブ・フリュー（Johann Jakob Früh）はツルガウ県のメールヴィルで一八五二年六月二一日に生まれ、一九三八年四月八日に亡くなった。もちろん私は会ったことはないが、〝先生〟とよびたくなる理由がいささかある。

二〇世紀の気候学者を代表するケッペン・ガイガーの二人が責任編集した気候学叢書は、今世紀前半の気候学のひとつの金字塔であった。その中の一冊に、コンラートが書いた『気候要素分布に及ぼす地形の影響』がある。このコンラートの本は第二次大戦中に刊行されたため、日本ではなかなか見られないが、一九六一年から六三年にかけてボンに滞在していたとき、大学の図書室でこれをみつけてたいそう嬉しかった思い出がある。前置きが長くなったが、この本の中にスイスの風の分布や偏形樹の分布などにかんする一九〇二年に刊行されたフリューの研究がくわしく紹介してある。

コンラートの引用を読むと、フリューの論文はかなりおもしろそうである。そこで、一九六一年だったか六二年だったたか、いまでは忘れたがチューリッヒ大学の地理学教室を訪問したとき、このフリューの論文を見たいと当時の教室主任ベーシュ教授にたのんだ。そうしたら、「待っていろ、いまだしてくるから」とのこと。ややしばらくして秘書が天井裏から（かどうかは知らないがほこりをかぶっていた）一冊もってきた。ベーシュ教授は「そんなにこれがオ前の研究に役立つのなら、オ前にこれを謹呈する」とのこと。私は大喜びするとともに、六〇年前の刊行物が、多少ほこりはかぶっていても、サッとでてくるのにいたく驚いた次第であった。スイスとはいったいどういう国なのだろうかと思った。この一九〇二年のフリューの偏形樹の研究が、プートナム、ヴァイシェット、バルシュ、さらに私のその後の偏形樹の分類の基礎になっている。写真9はスイスのローヌ谷の偏形樹の例を示す。

さて、このフリューは一八九九年以来、一九二三年までチューリッヒ大学の地理学教授を勤めた。

写真9　スイスのローヌ谷の偏形樹

左上はマルティニーのポプラ，右上はオーバーヴァルト付近のカラマツ，下はサクソン付近のミザクラ．（1962年6月　筆者撮影）

また、その前、一八九一年にはベルリンでリヒトホーフェンに、ハンブルクでは、当時ハンブルクの海洋気象台長であったノイマイヤーの下でも仕事をした。こういう人だから、彼が書いた『スイスの地理』という三巻の大書の中には、気候地名の記述があるに違いないと私はにらんだ。この地誌は、グラートマンの『南ドイツ』などとともに、二十世紀前半のヨーロッパ地誌学の代表作のひとつである。

一九九二年から三年かけて、マインツとボンの地理学教室の図書室を利用できる時間がときどきあったので、フリューの〝スイスの地理〟を調べてみた。すると、「あった、あった」そうたくさんではないが、その第一巻『土地の自然』(一九三〇年、六一二ページ)に、かなりの分量の記述があった。もちろん、植物・地形・地質・水・氷河などにかんする地名の方が圧倒的に多いが、気候にかんしても、日向・日影、なだれ、霧、雨、雪、風などにかかわる地名が書いてある。こういう次第で、私はフリューにたいして、〝先生〟という感情をもつようになった。偉い先生だと思う。この章のスイスの気候地名の記述は、主として彼の記述によっていることはいうまでもない。

スイスアルプスの日向・日影の地名

スイスアルプスに住む人達は、東西に走る谷の日向・日影斜面のことをはっきりわけてよぶ。南向斜面をエクアトリアルザイテすなわち赤道側、北向斜面をポーラーザイテ北極側とよぶ。赤道と北極とはいささかオーバーな表現であるが、住んでいる人達には、そう言いたくなるほどの大きな差があ

表7　スイスにおける日向・日影斜面の地名

	日向斜面	日影斜面
スイス＝ドイツ語	Sonnenhalb（ゾンネンハルプ） Sonnenberg（ゾンネンベルク） Sommerhalde（ゾンマーハルデ） Gutsiten（グートジテン） Sonder[Süd]（ゾンダー[ジュート]） Sonderli（ゾンデルリ） Freudenberg（フロイデンベルク） Rosenberg（ローゼンベルク） Mainenberg（マイネンベルク） Mainengrün（マイネングリューン） Immenberg（インメンベルク） Immensee（インメンゼー） Emdstrich（エムシュトリヒ）	Schattenhalb（シャッテンハルプ） Schattenberg（シャッテンベルク） Winterhalde（ヴィンターハルデ） Wintersiten（ヴィンタージテン） Nord（ノルト） Nördli（ネルトリ） Schneeloch（シュネーロッホ） Winterloch（ヴィンターロッホ） Heustrich（ホイシュトリヒ）
ローマン語	devant（デヴァン） adroit（アドロア） adrey（アドレイ） adret（アドレ）	derrier（デリエール） [derry（デリー，地方弁）] ubac（ウバ）
イタリー語	indritto（インドリット） adritto（アドリット）	invers（インヴェルス） opaco（オパコ）

る。

　また、谷の底と中腹の気候の差もはっきり認識している。アルプスの深い谷の底は日照時間が短いばかりではなく、夜間気温が逆転するので最低気温は低く、霜の期間が長く、朝の霧も多い。中腹は最低気温が高く日照条件もよい。いわゆる「斜面の温暖帯」はもっとも居住条件も耕作条件もよいところである。ハルデ（Halde）とよばれるこういう谷の斜面は山地でもっとも住民によって好まれる。

　表7は、スイスにおける日向・日影斜面の地名を示す。それぞれ対になっているものをハイフンで

連結した。ゾンネは太陽だから〝ひなた〟・〝ひあたり〟そのもの、シャッテンは影・陰だからこれも日本語と同じ表現である。日向側をゾンマー（夏）、日影側をヴィンター（冬）でとらえたり、ゾンダー（南）、ノルト（北）で表すのはやはり寒暖のイメージの移転であろう。ゾンデルリのリはライン（-lein、小さい）のつまった語でスイス特有の表現である。ネルトリも同じである。

興味あるのは、フロイデン（喜び）、ローゼン（ばら）、マイネン（好意をもつ）などの、非気候要素ながら、人間の生活感情として好条件の語にベルク（山地）がついた地名が日向斜面にあるのにたいし、日影側は気候要素そのもののシュネー（雪）とかヴィンター（冬）にロッホ（穴）がつくことである。悪い感情を表現する語は地名にならない一例かと思う。

スイスの国内でローマン語を使う地域では、アドレとウバがある。わが国ではピティの『山地地理学』が日本に紹介されて以来、日本の教科書にもよく紹介されている。スイスのイタリー語圏ではアドリット、オパコになるが同系列の語である。

フランス語圏ではドール地方に、ポエル・ショウ（Poële Chaud）すなわち〝熱いかまど〟という地名があり、サン・クロアからサンセルギョウには太陽を意味するソルリア（Solliat）、ソルリエ（Sollier）、ソルラ（Sollat）がある。これにたいし、ピエル・ジュレ（Pierre gelée）が反対の条件の地名になっている。

雨と地名

〝風穴〟という名はわが国にはあるが、〝雨穴〟というのは聞いたことがない。スイスでは、大西洋または地中海から水蒸気を運んでくる気流が、地形の影響によって収れんしやすく、局地的に雨が降りやすいところをレーゲンロッホ（Regenloch）直訳すれば、〝雨穴〟という。日本にはない表現である。強いていえば千葉県の〝雨坪〟がこれに相当しようか。

また、たんに風というときにも、雨をもたらす風のことをさす場合が多い。フランス語圏ではル・ヴァン（le vent　風）あるいはル・ヴァン・ド・プリュ（le vent de pluie　雨の風）といい、ドイツ語ではレーゲンルフト（Regenluft　直訳すれば雨空気）、レーゲントヴェル（Regentwer　直訳すれば雨仲間）、ヴェッターヴィント（Wetterwind　悪天風）などとよばれる。日本の気候学ではヴェッター（Wetter）は天気、ヴィッテルンク（Witterung）は天候と訳し、ドイツ語圏でも気候学者はヴェッターは一日くらいの時間スケールの大気現象、ヴィッテルンクは五日から十日くらいの大気現象をさすように定義し、区分して使われている。しかし、ヴェッターを〝wetar〟と発音したり、ヴィッテルンクをあらし（Sturm）と混合したり、一般の人びとはこれらの語を厳密に区別しないで使う場合が多い。

ラウターブルンネルのヴェッターホルン（Wetterhorn）の南は、三一五九メートルの天気境である。ホルンとはマッターホルンでしられるように峯のことだが、日本では天気峯とか天気山とはいわない。強いていえば、ヴェッターとはこの場合、暴風雨や雷雨模様の悪天だから、日本の雨降山に相当しよう。

ガウリッヒ氷河からヴェッターリムミ（Wetterlimmi）三一八九メートルがローゼンラウイッヒ氷河までヴェッターケッセル（Wetterkessel　天気境）としてつらなっている。南にはヴェッターホルンから約三五〇〇メートルの峯にヴェッターザッテル（Wettersattel）がつらなっている。日本の旅行者にも有名なサンゴタルドの北と南で、気圧配置によって雨や雪の降り方が対照的に異なるので、このような天気（悪天）に関連した峯の名がたくさんついたと思われる。

ピラトスの北にシュヴァルツ・フリューリ（Schwarzflühli）という山があるが、別名をレーゲインフリューリ（Regenflühli）という。この山の北側から西側は雨が多く、風化しやすい岩石のためもあって谷がたくさん入っており、〝風と悪天（Wind und Wetter）から、植生や家屋を守らねばならない〟と土地の人は言う。この場合の〝風〟も、〝ヴェッター〟も「雨をもたらす悪天」の意味を含んでいることはいうまでもない。

スイスの気候地名の特徴

スイスの代表的な地理学事典に一九〇二年から一九一〇年にかけて、ノイエンベルクの地理学会が編集刊行した六巻の大冊がある。すなわち、Geographischen Gesellschaft zu Neuenburg; Geographisches Lexikon der Schweiz. Verl. von Gebrüder Attinger, Neuenburg である。地方の地理学会編とはいえ、スイスの国をあげての執筆者を揃えた内容で、九〇年以上も前の刊行とはいえ、すばらしいの一語につきる。

さて、これから、スイスの地名の中で気候要素に関係したものをひろって表8を作った。他の国のところでも指摘してある通り、日向・日影・風・夏・冬などを除いて、雷がついたり、雨がついたりしても、その地名の地点で雷が多かったり、雨が多かったりはかならずしもない。どういう気象現象がとりあげられたかが興味の対象であることを強調しておきたい。

さて、この局地気候と関連がない群に属するものとして、ドンネル（雷）、ハーゲル（雹）、ネーベル（霧）、レーゲン（雨）があり、いずれも数は少ない。

次に、フリューリンク（春）、ヘルプスト（秋）を冠した地名は皆無であることに注目したい。これは、この事典が大きな集落、都市だけを取りあげているためとはいえ、オーストリアと共通するきわめていちじるしい特徴である。表8にみられるように夏・冬は多い。春・秋がつく地名は日本や韓国に多いが、他の章でのべたドイツと比較しても違いがある。同じドイツ語圏なのだから、これには何か言語学的ではなく地理学的な理由があるのではないかと想像される。季節推移に関連した農耕や牧畜などの土地利用、居住空間、祭りなど、人間生活や意識にたいする気候の影響の差が考えられる。比較文化論の好課題である。

日向・日影地名についてはすでにくわしくのべたのでここでは省略するが、スイスにおける出現頻度がもっとも多く、局地的な気象・気候条件を反映した地名として、代表的なものと言うことができよう。

表8　スイスの気候に関連した地名

気候要素	数*	例
Donner-（ドンネル―雷）	2	Donnerbrücke, Donnerbühl.
Frost-（フロスト―霜）	0	
Frühling（フリューリンク―春）	0	
Hagel-（ハーゲル―雹）	1	Hagelsee.
Herbst-（ヘルプスト―秋）	0	
Kalt-（カルト―寒）	26	Kaltbach, Kaltberg, Kaltbrunnenthal, Kaltenegg, Kalthof.
Nebel-（ネーベル―霧）	1	Nebelkäppler.
Regen-（レーゲン―雨）	6	Regenbolshorn, Regenegg, Regenhalden, Regensburg, Regensdorf, Regensdorferthal.
Schatt-（シャット―日影）	18	Schattdorf, Schattenberg, Schattenhalb, Schattenseite, Schattigberge, Schattingwald, Schattseite.
Schnee-（シュネー―雪）	10	Schneehorn, Schneehühnerpass, Schneejoch, Schneestock.
Sommer-（ゾンマー―夏）	9	Sommerau, Sommerhalden, Sommerhaus, Sommersberg.
Sonnen-（ゾンネン―日当，陽，日向）	50	Sonnenberg, Sonnenbühl, Sonnenhalb, Sonnenthal, Sonnenseite,（表7を参照のこと）
Sonn-（ゾン，ゾンニッヒ―日向，日当）	10	Sonnhalden, Sonnighorn, Sonnigstöcke, Sonnseite.
Wetter-（ヴェッター―天気）	11	Wetterhörner, Wetterhorn, Wetterkessel, Wettersbühl.
Wind-（ヴィント―風）	24	Windblässalp, Windbruch, Windeck, Windgälle, Windeggback, Windig, Windigeck.
Winter-（ヴィンター―冬）	43	Winterau, Winterberg, Winteregg, Winterhalde, Winterhorn, Winterjoch, Winterseite, Wintersried.

〔*　スイス地理学事典（1902-1910）にのっている地名数〕

ヴェッター（天気）がつく山の名や地名があるが、これも雨地名のところでのべたように雨をもたらす変わりやすい悪天候に関連している名である。ウェザーとか天気とかは、特別の意味をもつことがある。たとえば英語で〝ウェザーマン〟、日本語で〝お天気屋〟という表現がある。これは移り気の他人に好かれない性格の人のことである。これと通じる表現と思われる。しかし、ヴェッターホルン（Wetterhorn）を〝お天気山〟と訳したら、ヴェッターホルンに「けしからん」とおこられるかもしれない。天気変化の早いことで有名な日本の上越国境にある谷川岳は、この名でよかった。

カルト（寒い）がつく地名は二六と予想以上に多い。対照的な言葉として〝暑い〟とか〝熱い〟とかがあろうが、これは皆無である。この事実はヴィンター（冬）が表８にみる通り四三で非常に多いのにたいし、ゾンマー（夏）が九と少ないのと共通の傾向と思われる。しかし、カルトがつく地名は、川、水、泉、谷など、地下水や、地上水などが後につく場合が多い。表８には、気候に関連したカルトがつく地名をあげた。

ヴィンター（冬）が冠についた地名は多く、これがスイスの特徴のひとつと右に指摘したが、大きな例外がある。いうまでもなく、チューリッヒ北東約二〇㌔にある大都市のウンターテゥール（Winterthur）で局地的な気候現象とは関係がない。また、ウィンディッシュ（Windisch）というのも、いかにも風が強そうなところの地名のように思われるが、そうではない。ローマ時代のウィンドニッサ（Vindonissa）から転じたもので風とは無関係である。

写真10　ポルトガルの偏形度6のマツ

強い西風にほとんど地面にはいつくばっている．左端に人が立っているところが根元．

四　イベリア半島

イベリア半島の想い出

すでに三〇年以上のむかしになるが、ボン大学で研究していたころ、地理学科の学生の野外実習についていって三週間ほどポルトガルを旅行したことがある。そのときのブドー栽培の農業気象学的な観察研究の結果や、マツの偏形樹の観測結果はすでに論文として報告した。それ以来、ポルトガルはいつも身近な存在となった。

私の偏形樹の分類を参考にして、リスボンの大学のアルコフォラード博士はその後も研究をつづけている。三～四年前、リスボン西方の岬にある偏形樹のグレード六――ほとんど地面にはった状況になっている――をまた見たくなり、アルコフォラード博士に案内してもらった。写真10はその一例である。

そのとき、かねて文献などを交換していたリスボンの地理学者スザン・デヴォー教授に会うことができた。いろいろな話をしたが、いま、私が気候地名について興味をもっていること、そしてイベリア半島でそれにかんした研究がないか、きいてみた。

そのことをすっかり忘れていた私に、あるときデヴォー教授からひとつの論文のゼロックスコピーが届いた。みると〝イベリア半島の地名における太陽・風・陰〟という題のピエルという人が書いた論文である。私は驚きかつ喜んだ。私と同じことを考えている人がすでにいたということと、デヴォー教授が私の願いを忘れないでいたということである。さすが、ポルトガルの地誌数巻をひとりでまとめてゆく教授だと感心した。

ここに紹介するのは、この論文の紹介である。オリジナルは、Joseph M. Piel (1971): Sonne, Wind und Schatten in den Ortsnamen der Iberischen Halbinsel. Iberoromania, 1 / 1971, 1-7 である。

陽あたりの地名

資料は、スペインについては一九四〇年の刊行の『地名録』、ポルトガルについては一八九一―一九四年の『郵便地方名録』である。

陽または太陽を意味する地名にソラナ（Solana）またはソラノ（Solano）がある。ラテン語のソラヌス（Solanus）から出たもので、古くは東風を意味していた。イベリア半島やスペイン語圏で日射・日照条件のよいところで、おそらく五〇カ所以上はあろうという。Solana de Martinez, S. del Pino, または Solán de Cabras などという地名となっている。変形した地名として、El Solá, Els Solans,

Les Solanes などとなっている例もある。

簡単化した形としてはソル（Sol）がある。やはり陽あたりのよい集落の名となっている。ポルトガルでは Sol Posto（沈んだ太陽）とか、Sol Avesso（そっぽを向いた太陽）とか、日本人には共鳴しかねる地名もある。Catasol（太陽展覧会または太陽の華）などという、太陽いっぱいの南ヨーロッパを想わせる地名もある。

中世にはソルというのは女性の名として定着していた。ドイツ語でも太陽は女性名詞であることも共通している。

ソアルボ（Soalbo）またはソアルロ（Soallo）は、太陽に面した場所の意味である。ソアルベイラ（Soalbeira）から変形した幾つかの地名も多く、二五カ所以上になろう。少し変わったものにソエンガ（ス）（Soenga(s)）や、ソエンゴ（Soengo）がある。ソエンガとは工具などを焼く窯のこともいい、陶器を太陽で硬くする場所が語源でもあるという。

ソエイロ（Soeiro）も七カ所、スエイロ（Sueiro）、ソエイラ（Soeira）もよくある。いずれも日向を意味する。たとえば、ポルトガルでは Ouinta do Soeiro, 半島の南部では Monte dos Soeiros などとなっている。カタロニアでは El Soler, Los Soleres などという例もある。これらは、いずれもラテン語のソラリウ（Solariu）、またはソラリア（Solaria）から転化した形である。

日陰・日影の地名

日陰または日影地名も明らかである。ウムブリア（Umbria）はラテン語のウムブリヴス（Umbrivus）・ウムブリヴァ（Umbriva）からでた地名である。ラ（ス）ウムブリア（ス）（Las(s) Umbria(s)）という地名は二五カ所もある。カタロニアや南部に多い。Hがついたフムブリアス（Humbrias）や、フムブレ（Humbre）となる例もある。

ソムブラ（Sombra）はラテン語のスブムブラ（Sub-umbra）から転化した同じく日影を意味する地名である。いろいろに転化するが、カナリー諸島のソムブレラス（Sombreras）はその一例である。ラテン語のアドヴェルスス（Adversus）や、アドヴェルセトウム（Adversetum）から転化した日影地名で、北西部スペインにある例はアヴェセド（Aves(s)edo）である。アベセド（Abesedo）、ベセド（Besedo）なども同じ系列である。

イベリア半島の北東部では、ローマン語のオパークス（Opācus）からでた〝日影〟の地名がある。これはオバク（Obac）、ウバク（Uback 又は Ubac）、エル・オバゴ（El Obago）、オバゴ（Obágo）、ウバゴ（Ubago）などがある。これらはイタリアから分布する地名で、カタロニア人の分布地域とも一致する。ウバクの地名は、日本では教科書にものっていて、ヨーロッパの日影地名の一つとして知られており、松尾俊郎も紹介している。

風の地名

風を意味するラテン語のヴェントス（Ventus）、ヴェントスス（Ventosus）からでたヴェント

写真11　バルセロナのミストラル（1986年8月　筆者撮影）

（Vento）やヴィエント（Viento）などの風地名がある。おそらく五〇カ所をこすもっとも多い形はヴェントサ（Ventosa）である。Mont Ventoux（風山と訳してよかろう）などと、山の名にもなっている。ヴェントセラ（Ventosela）、ヴェントセラス（Ventoselas）、と転化する例も二五を数える。

風が弱く日あたりのよいところは暖かい。こういう温暖なところはヴァルカリエンテ（Valcaliente）、ヴァルクェンテ（Valquente）など、カリエンテがついた地名として存在する。

逆に、風が強く寒いところはモンテフリオ（Montefrio　寒山）、カンポフリオ（Canpofrio　寒岬）などという地名となる。カタロニアのヴィクフレト（Vic(h)fret）は、ラテン語のヴィクス・フリジドス（Vicus frigidus）から転化したのではないかと思われる。ヴァルセロンド（Valserondo）は〝よく実る〟ことを意味する地名である。

一九八六年の夏、バルセロナで国際地理学連合の地域会議があった。宿舎のホテルから会場まで毎日通う道の街角に、写真11のような詩人のミストラル（一八三〇—一九一四）の名がついた建物があった。ミストラルとはもちろん、フランスのローヌの谷に吹く北風で、フランスでは小説にもよくでてくるし、列車の名にもついている。このカタロニアの詩人が、じつはどういう人だか、カタロニア文学でどういう位置を占めた人か知らないが、私にとってはそれはどうでもよいことで、『空っ風さんがここに住んだ』という表示を街角で発見し、私は大いによろこんだ。

五　イギリス

イギリスの気候地名の研究

気候地名についての関心があまりないのはイギリスでも同じである。イギリスで売れている地名にかんするポケット版の書物、ジョン・フィールド著の書物（J. Field: Placenames. Their origins and meanings: Shie Publication, Ltd, Buckinghampshire, 1994, 72p.）でも、そのほとんどは歴史的にみた地名の起源と意味づけである。自然地名に属するものでも森林・河川・丘陵などについて書いてあるだけである。たったひとつ〝ウィンダー〟（Winder）についての記載があるだけである。〝ウィンダー〟というのは、ジョン・フィールドによれば、北西イングランドへ、アイルランドからやって来たスカンディナビア人が定着した時代に風の強いところへつけた地名だという。カンバーランドやウェストモアランドにその例があるという。

むしろおもしろいのは、たとえばその三〇ページに、-villeとつく地名はノルマンの元来の地名ではなく、〝最近のものである〟とキメつけている点である。古いものにしか興味がないというのはその人の自由で、理解できる。サマーヴィル（Summer-ville）などの地名にはまったく興味がないのもかまわないが、もし、こういう地名全部が最近のものだとすれば、「どうして古い時代には気候条件、季節条件が地名にならなかったのか」という問題がおこる。これは私にとって、やはりおもしろい課題である。

それから、〝Winder〟は〝ワィンダー〟とも読める。巻く人、巻きつく植物、糸巻などの意味で、場合によっては、こちらの方の起源の地名もあると思われるので、注意を要する。

風の地名

イギリスの地名の完全なリストがまだ入手できない。しかたないので、イギリスと北アイルランドの地図帳（クリアドン出版、オックスフォード）の一九六三年版のインデックスで気候地名を探してみた。霧・夏・陽・雨・雪などの語がつく地名や山・川の名はのってないが、風がつく地名は幾つかあり、表9の通りである。ドイツと同じく二〇万分の一の地図で探すか、あるいはもっと完全なリストで探せばもう少しあると思う。

さて表9には地形的にみて山頂か谷間か海岸かの条件と、高度、位置、周辺の地形などの記述をしてある。これらをまとめると、次のことがいえそうである。

表9　イギリスの風地名，主として山頂，谷，海岸にあるもの

イギリスの風地名	地形	位置・周辺の地形条件など
ウィンドルストロウ・ロゥ Windlestraw Law	山頂	648.6m，3°00′W，55°40′N．近くにロゥ（Law）の名のつく山頂が多い．
ウィンドミル・ヒル Windmill Hill	山頂	183.9m，レディングの西約38kmでブリストルとのほぼ中間．付近は180～240mの丘陵．
ウィンドラッシュ川 Windrush River	谷間	西のコッツワルド・ヒル（Cotswold Hills，150～200mの山地）から東に向かって流れるテムズ川上流の1支流．オックスフォードの西でテムズ川に合流する．ウィンドラッシュ川の谷はほぼ東に向かって流れる．山を越した西風はこの谷に沿って加速される．
ウィンドスケイル Windscale	西海岸	3°30′W，54°25′N，アイリッシュ海に面する小村．南東約2kmにシースケイル（Seascale）の小村あり．東方はLake District（海抜約700m）の山地．
ウィンドホィスル Windwhistle	丘の頂	219.9mの丘，2°55′W．ブリストルの南南西約3km．イギリス海峡に面する海岸の町ライム・レジス（Lyme Regis）の北約11kmの丘の頂．
ウィンディゲイツ Windygates	谷間	エディンバラ（Firth of Forth湾）の対岸にあるカークコルディ（Kirkcaldy）の町の北東約10kmにある．西方の丘陵地帯から吹き降ろす西風の出口に位置する．
ウィンディ・ガィル Windy Gyle	山頂	610.2m，2°14′W，55°20′N．ノーザンバーランドの一山頂．ニューキャッスルとエディンバラのほぼ中間．この面には600m以上の山地はなく偏西風が強く吹きつける．
ウィンディ・スタンダード Windy Standard	山頂	680.6m，4°15′W，55°40′N．グラスゴーの南約50kmの山地，サウザーンアプランドの中の山頂．付近には600m以上の山地は少ない．西海岸から直線で約25km，偏西風に対し風上には400～500m以上の山地はない．

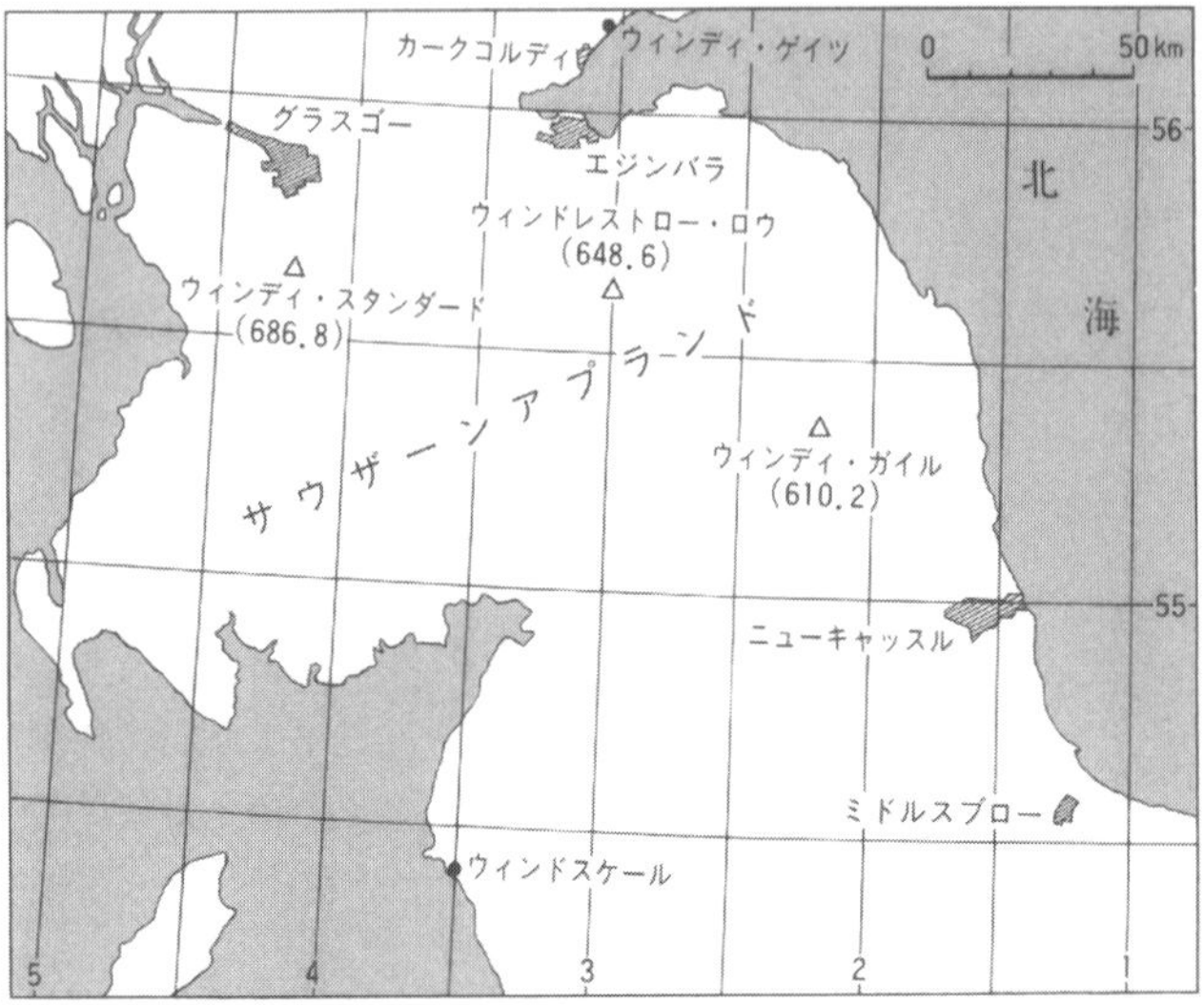

図22　イギリスの「風」地名の分布

(1) 表9にでている八つの地名のうち山頂名が五つをしめる。そのうちの三つが六〇〇メートル以上の高度である。

(2) 山頂名の他の二つは一八〇〜二一〇メートルの高度だが、谷間の二つとともに、おおまかにみるとエディンバラ―レディング―ブリストルを結ぶ地域の中にはいる。

(3) 谷間の二つは西方に山脈があり、それから東方に向かう谷である。

右の(1)と(2)は、大地形的にみると、イギリス島の中で、グラスゴーとエディンバラ間においてもっとも幅が狭くなっている部分の南の山地(サウザーン・アプランズ)である。ここは西風がとくに強い。しかも、(1)でみられるように六〇〇メートル以上の高度であり、周辺には高い山頂がないので強風条件をそなえていることが推定できる。（3）は西風が山越え気流となり〝おろし風〟として卓越する場所である。図22はこれらの地形と気候地名の出現する位置を示したものである。西風にたいする地形と位置がこれらの山頂の名、谷の名を生んだと考えてよいことがわかろう。この他、偏西風が直接吹きつける西向きの海岸にも風地名がある。

六　韓　国

金蓮玉と気候地名

韓国の気候学者の金蓮玉教授は梨花女子大学校で気候学にかんする研究と教育を長くされて来た。かつて奈良の高等女子師範で学ばれ、古きよき日本語もきわめて堪能である。気候学にかんする論文や著書が多い。

そもそも韓国の地名は、気候地名ばかりでなく、すべての地名が純韓国語の地名とそれが漢字化したものと共用されている。金先生の著書の中には地名にかんする章があり、また「韓国の気候地名に関する研究」（梨花女子大学校、韓国文化研究院論叢第四九輯、一九八六）という三二頁の立派な論文もある。また「韓国の伝統地理思想」や「韓国の気候と文化」にも気候地名の論述をしている。最近は、未発表の原稿まで送っていただいた。また、本書の韓国にかんする部分の初校に目を通していただき教示を仰いだ。

金教授の教え子であり、筑波大学の地球科学で理学博士の学位をとり、最近、三重大学の助教授になった朴恵淑博士に金先生の著作の一部分を日本語に訳してもらって本書の韓国の部分の原稿を書いた。これらの協力に感謝しつつ、以下に韓国の気候地名のあらましを紹介したい。

日射条件と地名

陽地と陰地は韓国でもよく区別されており、地名となっている例が多い。陰・陽にかんする村落名は全国的に分布し、山地にも平地にも数多く分布する。陰・陽の地名は局地的な地形条件によって名づけられるので対になっている場合もある。陰・陽が対で〝向き〟合って分布する場合と、そうでない場合を錦山邑付近の例からみることにする。

国立地理院発行の五万分の一の錦山（Keumsan）の地形図（図23）をみると、種々の陰・陽地形の村落名をみつけることができる。錦山邑西部の陽地里、陰地里、北部の陽地畑、陰地畑、陽大里、陰大里、陽地、陽谷、陽山村、陽地村、陰地村、陽地集落、陰地集落、陰地側、陰地洞など、数多い村落名、あるいは地名がある。

陰地は村落立地としては不利であるため、やむをえない場合以外には村落が成立しない。あったとしても、小さい村落が立地するだけである。明るい陽地に比べて陰地は日照条件がわるく暗いため、陰地型の地名として、純韓国語の Eodum（暗い）に上下の接頭語と村、山、谷などがついた

図23　韓国の錦城付近の陰陽に関する地名の分布

（金蓮玉　1986年による）

表10　陰・陽を表わす地名類（金蓮玉　1986年による）

yangjimal →陽地村 eumjimal →陰地村	yangjigaragol →陽地集落 eumjigaragol →陰地集落	yangchon →陽村（洞） eumchon →陰村（洞）	yangjigol →陽地集落 eumjigol →陰地集落
yangdalmal →陽地村 eumdalmal →陰地村	yangjisaeteo →陽地所 eumjisaeteo →陰地所	yangchondong →陽村洞 eumchondong →陰村洞	yanghyanggol →陽向集落 eumhyanggol →陰向集落
yangjichon →陽地村 eumjichon →陰地村	yangjisokyung →陽地村 eumjisokyung →陰地村	yangji →陽地 eumji →陰地	yangteo →陽所 eumteo →陰所
yangjimaeul →陽地村 eumjimaeul →陰地村	yangdaldog-jung →陽地 eumdaldog-jung →陰地	yangjibat →陽地畑 eumjibat →陰地畑	yangteogol →陽所集落 eumteogol →陰所集落
yangjipyun →陽地側 eumjipyun →陰地側	yangjimaru →陽地端 eumjimaru →陰地端	yangjinae →陽地内 eumjinae →陰地内	yangjiteum →陽地里 eumjiteum →陰地里

Ueodumgol（上の暗い集落）、Araeodumgol（下の暗い集落）などの地名が存在する。

　また、陰・陽に方位、あるいは山、河川、平野、谷、峠などの地形的な特性をつけた地名もある。

　このような地名が陽地と陰地にかならず一致するかどうかを調べてみた。その結果、正しく南北に陽と陰が相当することが確認できた。しかし、例外もいくつかある。それは、陰・陽の対応が単純な陽地・陰地に起因するのではなく、空間を陰・陽のような二元構造として認知することに大きい原因がある。たとえば、一つの村落が「陽地村」と命名され

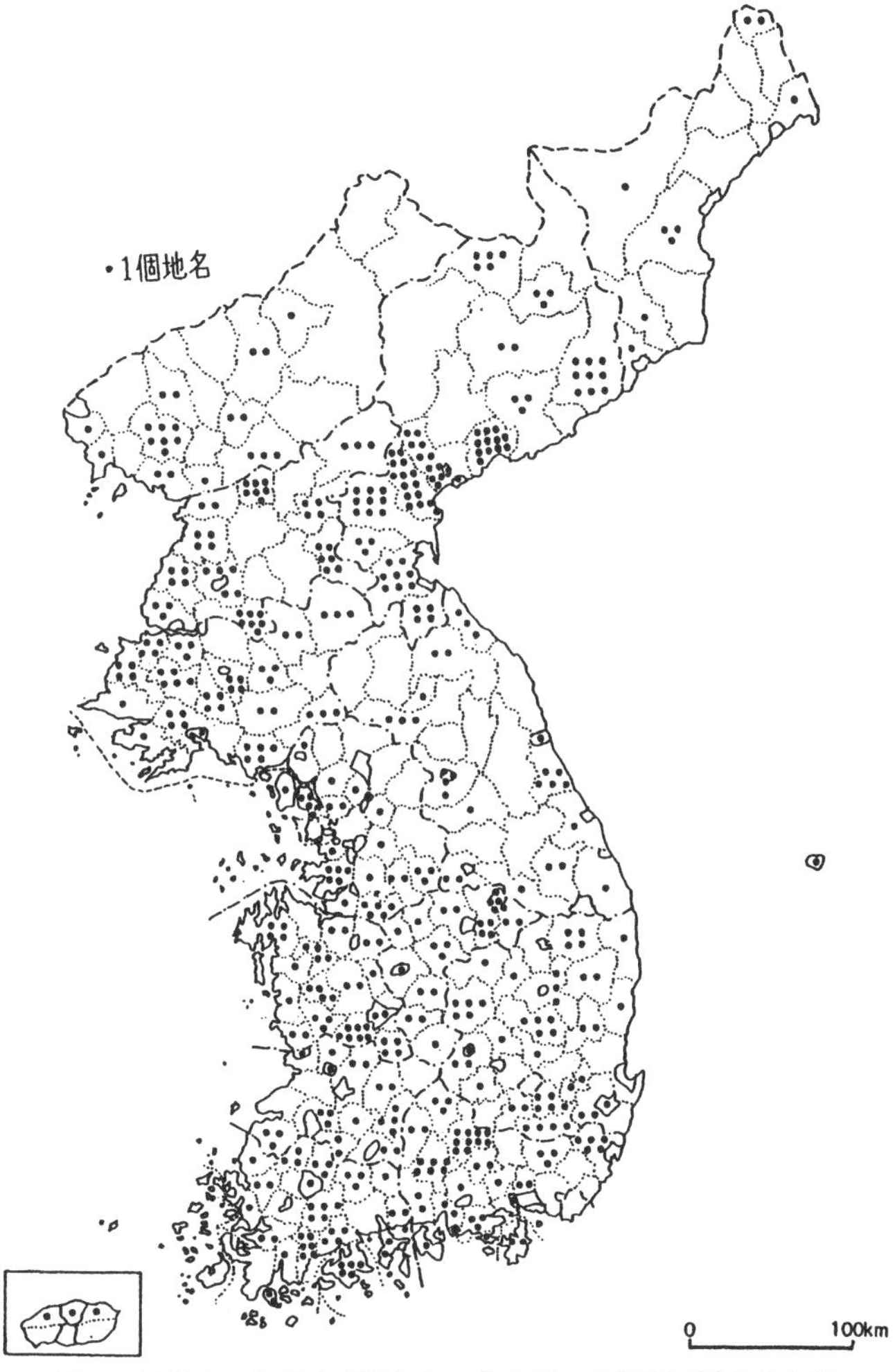

図24　韓半島における「陽」という字がつく行政区域名の分布
（金蓮玉　1991年による）

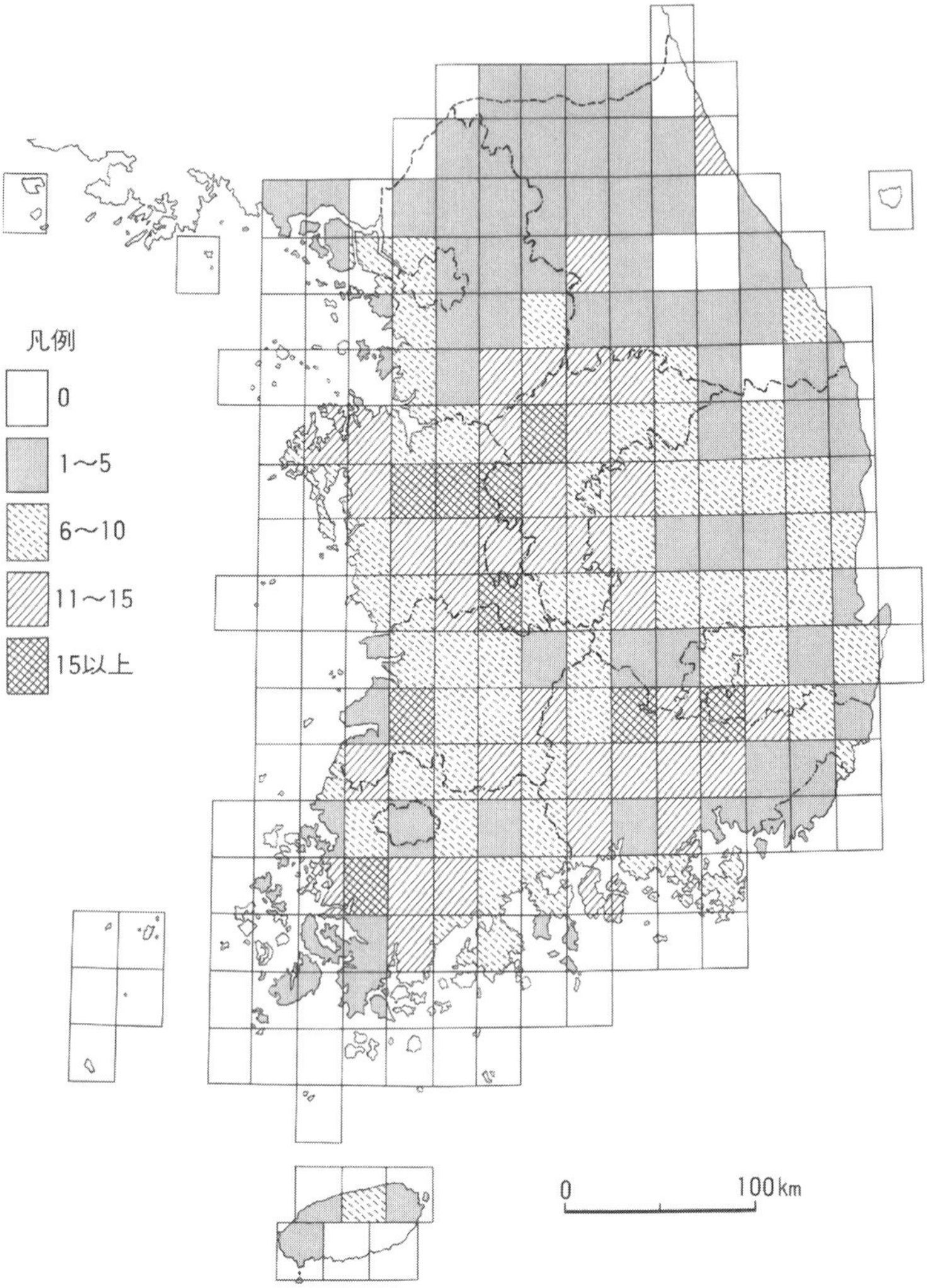

図25　韓国における「陽」地名の分布（金蓮玉　1991年による）

た場合、その後に成立した村落はその対称を求めて「陰地村」と命名されることがある。この場合、地形上の陰地と陽地に必ずしも一致しない。

いま、陰・陽を表わす地名を分類しその代表的なものを示すと金蓮玉によれば表10の通りである。このような変化は陰陽説にも関連すると思われ、地理学的にも歴史学的にも今後の研究がまたれる。陽という字がつく行政区域名を半島全域について調べると図24の通りで、人口の多い地域に相対的には多く出現しているようである。さらにくわしく、二〇キロ四方の区域に陽地名がいくつでてくるかを数えた図が図25である。海岸部にはごく少ないが、やはり人口が多く、地形の局地性の影響が強い地域で地域的に出現回数が大である。

風の地名

図26は国立地理院発行の五万分の一地形図から風の地名を集計したもの（金蓮玉、一九八六）である。半島の南部のとくに西部に多い。この地域は夏の季節風も、冬の季節風も、また東シナ海からの低気圧による南よりの風も強いところだから、当然、風の字がつく地名が多い。一方内陸や東部の山地は人間活動の場として限られるので、風の地名も少ない。

風についてもっとも多いのは「風峠」・「風越し峠」である。バラムジェ（Baramjge　風峠）、バラムネミ（Baramnemi　風越し峠）などである。次いで多いのは谷に関連した地名で、プンゴル（風谷）、プンゴク（風谷）、バラムゴル（風谷）、バランゴル（風谷）などである。風洞谷、風角、風端、風村、

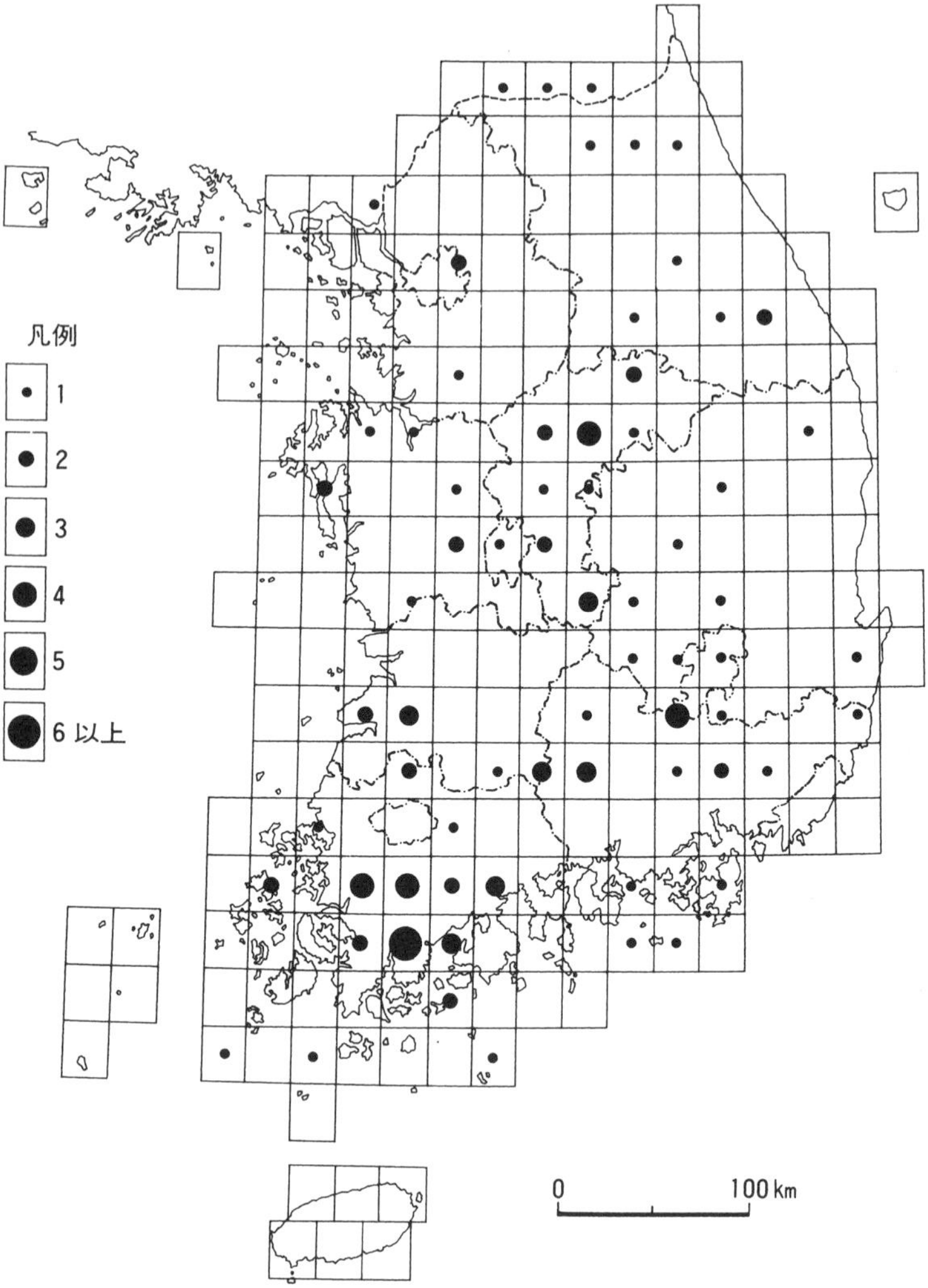

図26　韓半島における「風」地名の分布（金蓮玉　1986年による）

風流里、秋風嶺、清風面、風防、風場所、風所、風車などの地名がある。風穴、北風、南風などという地名もある。

洞の名にかんする地名には、風納洞がソウル市江東区にある。ここは一九六三年に編入されたところで、風が入るところの意味で、古くは風納里と名づけられていた。地図上では上風入、下風入の名がみられる。里・洞は村・町に相当する。「風が越える」という地名は迎日郡（現浦項市）大松面玉明洞にある。「風吹き」は楊口郡、「風穴」は漣川郡、「風曲り」は華川郡にある。「風曲り」とか「風曲り角」あるいは「風角」などは日本には例がないが、アルプスの「ヴィンデッケ（ク）」、「ヴィンディッヒエッケ」などの「風角」の表現に相当するものでおもしろい。

降水に関係する地名

雨、雪、氷、雲、霧、など降水現象と関係する気候地名は、日射・日照及び温度条件に関係する地名の次に多い。その中でもっとも比率が多いのは、雲に関係した地名である。韓国語のグルム（雲）または、漢字の雲を合わせると、その数は陽地を意味する地名の次に多い。日射・日照及び温度に関係する地名の次に日本では風の地名が多いが、別にのべるように中国では雲の地名が多い。韓国は中国と同じ傾向を示すことは興味深い。

雲にかんする地名はグルムゴル（雲谷）、グルムジェ（雲峠）、グルムヅル（雲野）、グルムネ（雲川）、グルムマル（雲村）などであり、漢字化したものがほとんどを占める。

半島の行政地名のなかで雲の字がつく地名を調べてその分布をみると、図27に示すように全国的に分布する。

雲山、雲峰、雲峠、雲内、雲谷、雲平、雲畑、雲、高雲、大雲、新雲、来雲、雲部落、雲橋里、雲龍里、雲橋、などが例としてあげられる。

雨と関連する地名には、Bimaru（雨端）、Bimaeulgogae（雨村峠）、Binaejae（雨峠）、Bimaeul（雨村）、がある。このような地名のある場所の地形をみると山の端、峠、坂などいわば地形性降雨が形成されやすい条件のところにある。たとえば、雨内峠は狭い河谷に位置する斗芝里と北側の葛潭里に通じる高度は高くはないが、峠である。この他、雨谷、雨開峠、雨装山、甘雨里、雨水里、雨日里などがある。

雪の地名は雪頭、雪ドリ、雪野があり、雪の漢字がつく地名には雪獄洞、雪獄山、雪城山、雪梅山などがある。

氷を表わす地名はやはり多くはない。そのほとんどが韓国語の地名で、もっとも多いのは氷谷で各地に分布する。もっとも有名なのは、密陽の天然記念物に指定されている氷谷である。海抜高度一一八九メートルの天皇山の北東向斜面にある谷で、住民の話によると結氷現象は六月末頃から凍り始めて盛夏の七月末から八月にかけて絶頂になる。とくに旱魃時や気温が高くなるほど結氷現象が顕著であるという。ここは北側は開いているが、東・西・南側が高さ一〇〇メートル内外の崖になっている長さ約七五〇

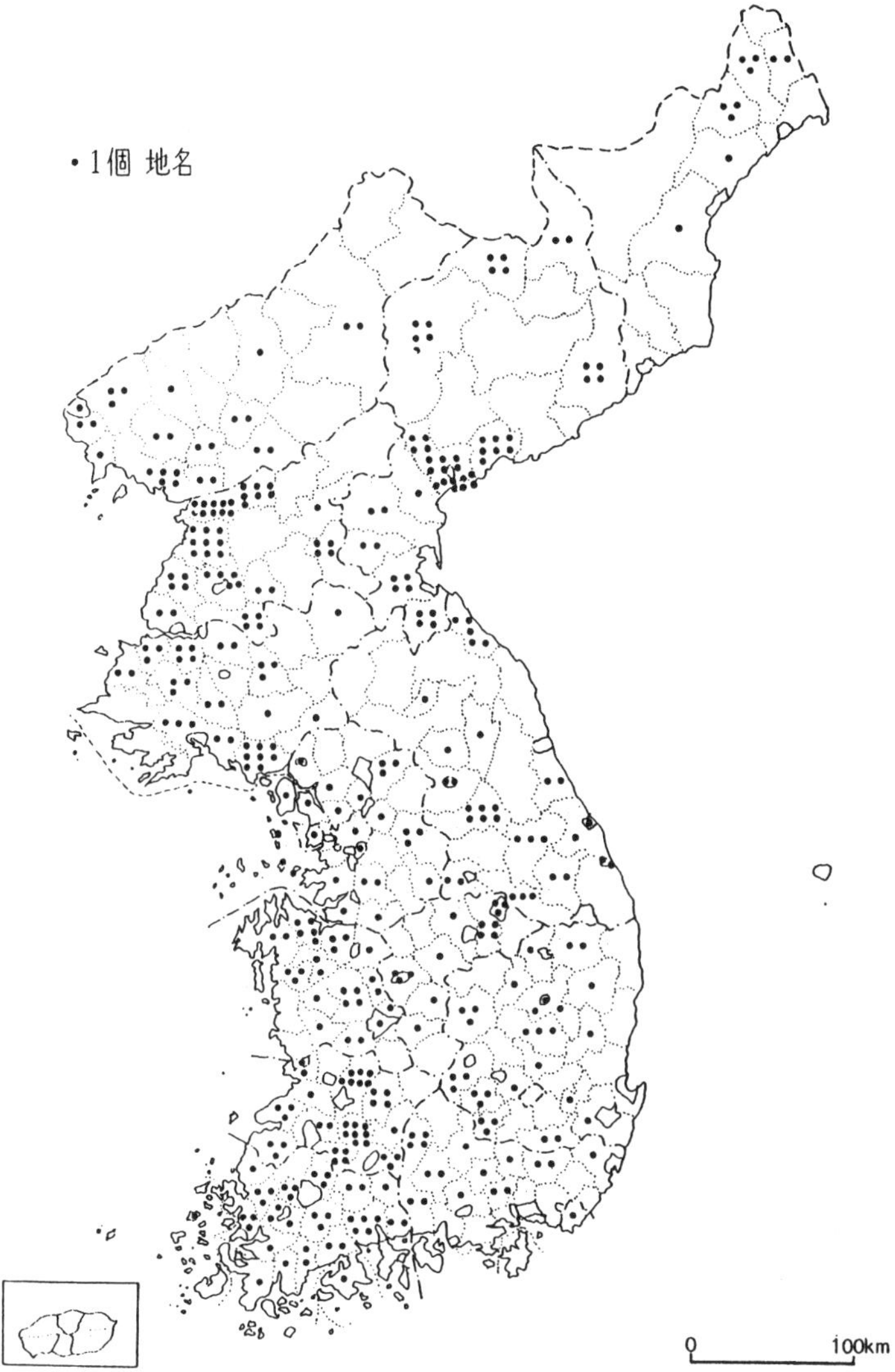

図27　韓半島における「雲」の字がつく地名の分布（金蓮玉　1991年による）

メートル、幅約二五〇メートルの渓谷にある。この渓谷は北向きであるばかりでなく、斜面が急なため、日射量が少なく、地中温度が他の所より平均九―一〇度も低い。崖の岩石は主に安山岩であり、結氷現象が表われる東側の谷壁は岩片の大きさが大きく、空隙も多い。冷却され沈降する空気が空隙の深い所まで流入し、蒸発を起こすため、それによる気化熱で温度がさがり、周囲の温度が氷点に達する。つまり、氷谷という名はこの渓谷の夏季結氷現象に起因している。気象学的な研究は、金聖三（一九六八）と、文勝義・黄水鎮（一九七七）に発表されている。

この他、氷に関連した地名には、氷処、あるいは、漢字化した氷庫洞、氷渓洞、氷峠、氷玉亭などがある。

霧・霜・雷など

霧の字がつく地名には、霧野、霧山、霧谷、霧木などがある。霧蔵山、霧抱山、霧田洞なども知られている。

霞地名には霞洞、霞山洞、霞谷洞などがある。霜地名には、そのものズバリの霜の他、霜谷、霜室、霜峠、霜山などがある。もっとも多いのは霜谷である。谷の中は微地形的に冷気湖が形成されやすく、霜の頻度が高いためで、経験的に小気候現象の発生頻度が地名の出現頻度に反映している。漢字地名には霜山、霜峴、霜池などがある。

雷、稲光り、雷雨などに関連した地名のうち、もっとも多いのは、雷岩で、岩に頻繁に落雷したことに起因するのではなかろうか。すなわち、byorakbawi（雷岩）は七カ所にある。その他に雷、雷室、雷村、雷畑などがある。雷畑は平野地域にみられ、一方、雷岩、雷などの地名は山間地域に分布する。雷という地名は西海（黄海）に面したところにあり、付近の部落名を崇雷里という。

ソウルの気候地名

ソウルの洞名には儒教思想を表わす忠、仁、貞、孝、義、信、倫、弘、徳、礼などが多く、全体の洞名数の七・五％に達するという（稲葉継雄、一九八二）。

気候と関連する地名は比較的少ないが金蓮玉の記述によると、まず、風の項でのべた風納洞をはじめ清涼里洞があげられる。この清涼里または清涼里洞は東大門区に属し、現在、清凉一洞六一番地にある清涼寺が関係しているといわれる。すなわち、この清涼寺がある一帯は北側に山を中心に緑濃い樹林がありその中にきれいな泉があるため、夏季には清涼な環境が暑さを忘れさせる。それにくわえて、清涼寺があり、すがすがしい感じをくわえる。そのため、昔から都市に住む人びとが城外の避暑地とし、清涼な所として、清涼里、清涼里洞と名づけたのであろう。

ソウルには気象観測と関連した特殊な地名がある。鐘路区の雲泥洞という地名は一九一四年京城府洞町名が制定されたときに新しくできた地名である。これは、泥洞と雲峴を合わせたもので、泥洞は現在の雲泥洞と益善洞の境界の小路を意味し、英祖（一七二四〜一七七六在位）時の都城地図にはその小路を泥洞として表示してある。現在も古老達はこの小路をジンゴル（泥谷）とよんでいる。雲峴は雲峴宮に由来する。雲峴は興宣大院君（一八六三〜一八八二在位）の号にもとづくと思われがちだが、そうではない。すなわち、雲峴宮の北側の峠である雲峴で、これによってこの地名ができた。この雲峴は雲峴だけでなく、書雲観嶺、観象監帖、観峴などとよばれた。書雲観嶺は書雲観があった峠の意味である。観象監帖という地名は『燕山君日記』に出てくる地名で、初期の書雲観が世祖朝（一四五五〜一四六八在位）のとき、観象監に改称されたために、その地名も改称された。英祖朝の都城地図には現在の現代建設社（前徽文高等学校）の所を観象監と表示してある。雲峴、観峴は雲観峴が転化したもので、雲観は書雲観の略称で観象監の別名である雲峴と関係のある地名であると市史編纂委員会は記している。

鐘路区の観水洞は、鐘路三街と乙支路三街の間の清渓川上にあった観水橋という橋から名をとったものである。一九一四年京城府制によってできた洞名で、ここに設置された濬川司（清渓川の浚渫を任務とする官署）が清渓川の水位を観測したことに由来した地名である。また、有名な水標洞は水標石があったことに由来する地名である。水橋の設置は世宗二三年（一四四一）である。『東国輿地勝覧』の巻三の中の漢城府橋梁條にも水標橋の名が出てくる。すなわち、橋の西側の小川の中央に石橋をたてて尺・寸の数字をほり、雨が降るときに川の水がどのくらい増加したかを知るようにした。その他、清雲洞（鍾路区）、雨裝山（江西区）、紫陽洞（城東区）などがある。

韓国の気候地名

韓国における気候地名の出現数をまとめると表11の通りである。この表から私なりに読みとれることを記しておきたい。いわば、私の結論である。

まず、陽が約四三％の多数をしめる。次いで雲の地名が約二〇％ときわめて多い。陰は約一一％で陽の約四分の一と少ないのも興味がある。陰陽の二つで五〇％をこす点は、陰陽説に基づく風水思想と関連していると思われる。しかし、陰は陽の約四分の一という値は、人間の自然への対応の実体と生活意識が反映していると考えてよかろう。

季節の地名は、全体に実数は多くない。しかし、四季の中で比較すると、春と秋が夏と冬にたいし約五倍も多い点がおもしろい。日本の章でのべた通り、日本でも春と秋が極めて多く、ヨーロッパでは夏と冬が多いのとは対照的である。すなわち、この点では韓国は日本と同じ傾向を示している。また、春よりも秋が多い点も日本と同じである。これらは東アジア、少なくとも日本・韓国のきわだった特徴の一つとみてよいと思われる。

雷の地名が少ないのも日本と同じ特徴である。後述する通り、中国には非常に多いが、この点でも韓国は日本と似た傾向を示している。

風が少ないのは日本とはかなり異なった特徴である。日本の方が島国で、季節風は発達し、台風が来る頻度が多い。また、低気圧の通過による局地風系の発達、海陸風・山谷風の発達は日本の方が顕

表11　韓国における気候地名の出現数と比率

（金蓮玉　1986年による）

気候要素	気候現象	地名出現数	比率(%)
日照・日射と温度	陽	1,371	42.7
	陰	350	10.9
	日	147	4.6
	寒	45	1.4
	冷・涼	49	1.5
	温	84	2.6
	小計	2,046	63.7
風	風	118	3.7
降水と二、三の現象	雨	37	1.1
	雪	46	1.4
	氷	15	0.5
	雲	625	19.5
	霧	13	0.4
	霜	30	0.9
	露	26	0.8
	霞	15	0.5
	小計	807	25.1
季節	春	63	2.0
	夏	6	0.2
	秋	92	2.9
	冬	27	0.8
	小計	188	5.9
その他	雷	23	0.7
	雷雨	5	0.1
	雷電	10	0.3
	虹	6	0.2
	晴	9	0.3
	小計	53	1.6
計		3,212	100.0

著なためかと思われる。風の地名が少ない点では韓国は中国と似ている。

このように、表11によって、韓国の気候地名が、ある点では日本と共通し、別の面では中国と共通していることが明らかになった。

七　中　国

中国の気候地名

中国は地名研究が比較的進んでいる国である。しかし、国の歴史が古いためと思われるが、語源の研究と、その後の変化・転化の研究がくわしい。自然地名の研究もあるが、気候地名の研究結果をほとんど私は知らない。私自身の研究も正直に言って進んでいない。ここでは若干の例をあげるにとどめたい。

風・雲・雷地名など

中国で相対的に多いのは、風の字がつく地名と、雲という字がつく地名である。

まず**風**という字がつく地名についてのべたい。中国では風という字がついた地名は比較的多い。たとえば、風平（Fengping）雲南省、風城（Fengcheng）山東省、風陵渡（Fenglindu）山西省、風都（Fengdu）福建省、風河（Fenghe）北京、風凰（Fenghuang）上海、広東省、広西省、風林（Fenglin）台湾省、風山（Fingshan）河北省、五風渓（Wufengzi）四川省、扶風（Fufeng）陝西省、など非常にたくさんの例が全国各地にみられる。河南省の汝州市の北東に県内第一の名勝である風穴山がある。ここには有名な唐代に建立された白雲寺がある。この寺の俗称を風穴寺とよぶ。この寺から数キロのところに風穴がある。また大風江、大風頂、大風硐なども見逃せない。大風頂（Dafeng Ding）は四川省の美姑県の北東部にあり、海抜四〇四一メートルの山頂高度をもち、山麓部は自然保護区になっていて、森林面積は二〇万平方キロに及ぶ。パンダも住んでいる。これらはいずれも山岳地帯であることは見逃せない。

次に**雲**という字がついた地名についてのべる。雲がつく地名は比較的多い。省の名にも雲南省がある。雲は山によくかかるから、山の名に多いのも当然であろう。雲山（Yunshan）、雲上（Yunshang）、雲霧山（Yunwushan）が河北、広東、貴州省にそれぞれある。雲中山（Wunzhongshan）は山西省にある。これらがその例である。

次に**雷**という字がついた地名であるが、たとえば、雷隆（Leilüng）が西蔵に、雷波県（Leibo Xian）が四川省に、雷打石（Leidashi）が湖南省に、雷峰（Leibeng）が福建省にある。雷の成因から考えると変わった地名としか思えないものに湖雷（Fulei）がある。これは福建省の永定県中部に位置し、付近は米作地帯である。ただし雷という字は人の名前にもあるので、雷という字が使ってあっても、たとえば、雷公店（Leigongtian）は湖北省に、雷公山（Leigong Shan）は貴州省と山西省の二カ所にある、これなどは気象現象の雷ではなく、むしろ人名に基づく地名と考えたほうがよかろう。雷公山（Leigong Shan）〔二一七九メートル〕は名勝で貴州省の南東部の雷山県にある。苗族の自治州の西部にある。一九四八年に雷山県となり農業と農機具・印刷・食品加工などの工業が発達している。もうひとつの雷公山は山西省にあり、主峯は海抜一四九一メートルで、山上には明代修建した雷公の廟の遺址がある。雷城（Leicheng）は広東省にあり人口約四万八〇〇〇の町で、唐代から清代まで雷州府台があったのでこの名があるという。震雷山（Zhenleishan）河南省の信陽県の南東部にある。いかにも頻ぱんと雷鳴が天をとどろかす山の名のようだが、とくにそういうわけではなく、山容がきびしく、雷池とよばれる水深の深い池がある。

次に**雪**という字がついた地名で美しい地名がいくつかある。雪花山（Xuehua Shan）とか雪峰山（Xuefeng Shan）とか雪水温（Xueshuiwen）、雪野庄（Xueyezhuang）などがある。日本人には変わった地名と思われる、落雪（Luoxue）という町名が雲南省にある。銅の鉱山として有名である。別に、なだれが多かったりするわけではない。それから**霧**という字を使った地名にはたとえば、霧渡河（Wuduhe）甘粛省、霧峰（Wufeng）台湾省、霧閣（Wuge）福建省、霧社（Wushe）台湾省。霧雲山（Wuyungshan）山西省。

変わった地名で雹泉（Baoguan）山東省がある。村の中に泉があり、泉の水が雨雹のように湧きでるのでこの地名が生まれたといわれる。しかし、降雹による災害が深刻なため雹泉廟を建てて雹泉の神様（雹泉爺爺）を祭っている。いずれにせよ雹とのかかわりの強いところである。

広州市の気候地名

華南の広州市（むかしのカントン）では九三四ページにわたる大冊の『広州市地名志』を一九八九年にホンコンで刊行している。その中から興味ある気候地名を拾ってみると次の通りである。

風迳（Fengjing）――広州市石角鎮の北東一八キロにある明代末に建てられた小村。風の通り道の口（風迳口）に位置するのでこの名がある。

風車岭（Fengcheling）——清城鎮の南一三キロにある小村。風車の形に似た山（風車岭）が近くにあるのでこの名がついた。

白雲路（Baiyun Lu）——広東市域の南東部にある九六〇メートルの道路で、白雲山の水道の源。一九一二年にできた路だが、一九六八年に紅雲路と改名、一九八一年にもとの名にもどった。

白雲山（Baiyun Shan）——広州市の北部にある花崗岩の海抜約三七二メートルの山や丘。遠望すると白くみえる。しかし雪とは無関係で雲がよくかかる。広州の空港名は『白雲機場』である。

大霧山（Dawu Shan）——清城鎮の北七〇キロにあり、山地の北と西は陽山県に接する。海抜一〇四〇メートルで、よく雲と霧がかかり、とくに春にははなはだしい。

風柜口（Fengguikou）——清城鎮の東一七キロの人口約三〇〇の小村で、三面が山に囲まれており、一面が風の吹きだし口で、そこに位置するのでこの地名がついた。柜とはタンス・保管箱のこと。風神がかつぐ大きな袋から風が吹きでてくるという日本やヨーロッパの発想と似ているが、タンスから風がでてくるというのは他に例がない。

雷碧石（Leibishi）——清城鎮の北西三〇キロにあり、清代に建てられた。村の前に大きな石があり、落雷による被害があったので雷击石（Leijishi）という。後にjiがbiとなってこの地名になった。

雨帽頂（Xuemao Ding）——清城鎮の西二二一キロにある海抜八五七メートルの山。冬、山頂に積雪があると帽子のようなのでこの地名がある。

雷公寨（Leigongzhai）――富城鎮の北東一九キロにある人口一五〇〇人の小村。明朝の中葉に建村。水稲・イモ・落花生などを作る。雷が多く、よく落雷があるのでこの地名があると紹介してある。

この他にも多数あるが紙面のつごうで省略する。これらをまとめると、雲がつく地名一一、雷が六、風が六、雪が二、雨・霧・霞がそれぞれ一で、やはり雲が多い。季節地名では、夏が五、秋が三、春が二、冬はゼロである。またきわだっているのは方位の違いで、東が一三二、南が一二八、西が七七、北が三四で、これの差はやはり注目に値するであろう。ただし、方位の統計では、最初に東西南北がでてくる場合だけをとりあげており、例えば、〝水西〟とか〝水南〟または〝小北〟などの地名はここで取りあげてない。また、青雲山のように、白・紅・黄・青などの色がつく地名が多いのも特徴のように思う。

中国と日本・韓国の比較

まず中国の気候地名の出現回数をまとめてみよう。ただし、正確にいえば、各気候要素の文字が最初にでてくる中国の地名の出現頻度である。表12がその結果である。この表の集計は、次の二つによるものである。すなわち（一）『中国地名詞典』上海辞書出版社、一九九〇、七五三＋三三ページ。（二）『中国地名録』、地図出版社、一九八三、三一五ページである。前者は約二万一二四〇、後者は約三万二〇〇〇の地名を取りあげている。表12の総計の数はそれぞれ前者で一・二〇%、後者で一・二五%、ほとんど差がないが、後者は降水関係が少なく、四季関係が多いなど、特徴がそれぞれある。

表12　中国で気候要素の文字が地名の最初に出てくる頻度

気候現象	気候要素（発音）	中国地名詞典		中国地名録	
		実数	比率（%）	実数	比率（%）
日照・日射・温度	陽（Yang）	48	18.7	62	15.5
	陰（Yin）	2	0.8	6	1.5
	温（Wo, Wen, On）*	24	9.3	56	14.0
	日（Ren, Ri, Ru）	13	5.1	29	7.2
	小　計	87	33.9	153	38.2
風	風（Feng）	6	2.3	6	1.5
降水	雲（Yun）	63	24.5	58	14.5
	雨（Yu）	8	3.1	8	2.0
	雪（Xue, Xo）	11	4.2	28	7.0
	雹（Bao）	1	0.5	3	0.7
	小　計	83	32.3	97	24.2
その他	雷（Lei）	20	7.8	23	5.7
	霧（Wu）	5	1.9	6	1.5
	霞（Xia）	8	3.1	14	3.5
	小　計	33	12.8	43	10.7
四季	春（Chun）	6	2.3	10	2.5
	夏（Xia）	35	13.6	76	19.0
	秋（Qiu, Qu）	6	2.3	12	3.0
	冬（Dong）	1	0.5	4	0.9
	小　計	48	18.7	102	25.4
	総　計	257	100.0	401	100.0

（注：＊は水地名，例えば温泉，温江，温水などを含む）

しかし、次にのべるような一般的な結論を導くには充分であろう。

表12をみて気がつくことは陽・雲・夏がきわだって多い点である。日本で多かった風・雨が逆にきわめて少ないことも注目に価しよう。

次に中国で多いのは、温・雪・雷である。温は注に記した通り水にかんした地名が多いのでこの考察では省く。雪が雨より多いのは意外である。また、霞がめだつのも日

本とは異なる。四季の中で何が卓越するかは非常におもしろいテーマだが、中国では夏が圧倒的に多い。これの理由だが、

（1）大陸東岸で冬には極端に寒くなる地方が広いため夏への好みが強い。

（2）「夏」の姓名が多いことと同じで古い国名にもあるほどだから、地名にもこれが反映している。

などが考えられる。この点は「雷」という姓が多いことと同じであろう。

八　外国の気候地名からわかること

以上、のべてきたヨーロッパの諸国のうちのドイツ・オーストリア・スイス・イベリア半島・イギリスなどの不完全ながら取りまとめを行ない、一方では東アジアの韓国・中国・日本との比較をしてみたい。それぞれの国で使用したデータベースが異なり、集計の方法や粗密の差があり、比較すること自体、どれほどの精度で意味があるのかわからない。しかし、将来のより厳密な比較への第一歩として、話題を提供する意味もあろう。また、本書の目的も意義もその辺にあるのだから、一応の取りまとめを行っておくこととする。

さて、これまで外国の気候地名の中でのべてきたことを次のようにまとめて、相互の比較に供したい。すなわち、気候地名の中で、各気候要素（風・雨・雪・日照・日射など）別の出現頻度の第1位か

表13　気候地名の中で，各気候要素の出現頻度第１～４位，および四季の出現頻度第１～４位

	気候要素別にみた出現頻度				四季の出現頻度			
	第１位	第２位	第３位	第４位	第１位	第２位	第３位	第４位
ドイツ	風	太陽・日向・日当	日影・日陰	雪	冬*	夏	秋	春
オーストリア	太陽・日向・日当	風	日影・日陰	雪	夏*	冬	秋	なし
スイス	太陽・日向・日当	寒	風	日影・日陰	冬*	夏	なし	なし
イベリア半島	太陽・日向	風	日影・日陰	—	—	—	—	—
イギリス	風	—	—	—	—	—	—	—
韓　国	陽・日	雲	陰	温	秋	春	冬	夏
中　国	陽・日	雲	温	雪	夏*	秋	春	冬
日　本	日向・日当・陽・日浦	風・吹	雲・雨	日影・日陰	秋*	夏	春	冬

（注　＊：第1位が圧倒的に多い．—：不明）

ら第四位までのものと、四季の文字を使った地名の出現頻度の第1位から第4位までのものを国別に表13に示した。

気候要素別の出現頻度はその国の局地的な気候条件を反映していると思われるが、四季別の方は、各季節の気候環境の内容ばかりでなく、多分に住民の各季節へのパーセプションの差、好みの差、言語としての音声学的または修辞学的な差、氏名（姓名）とのかかわりなどが関係していると考えられる。

結果として気候要素別にみると、ドイツとイギリスは風が第1位である。その他の国は、日本も含めて日照・日射条件である太陽・日向・日当が第1位である。中緯度温帯から亜寒帯にかけては日照・日射条件が人間生活へのインパクトがもっとも強い結果と考えられる。ただし、ドイツやイギリスのように大西洋からの偏西風が卓越する地域では〝風〟がそれを上廻ることはおもしろい。

第2位として、スイスでは温度条件である寒がくるのが他に例をみない。また、興味あるのは韓国・中国は雲であって、気候地名にかんする限り、両国は同じ気候影響文化圏にある。日本は風が第2位で東アジアでは特別である。オーストリア・イベリア半島などと同じ傾向を示す。日本はオーストリアと地形的に似た山岳国で、山谷風が発達し、さらに島国で海陸風や沿岸の強風が発達し、また他方ではイベリア半島と似た温帯湿潤気候のためであろうか。

第3位・第4位はドイツとオーストリアでは同じ、スイスは寒が第2位にきたために日影・日陰が順次ずれた。

東アジアでは温がでてくるところに特徴がある。しかも中国では日影・日陰がみられず、代わりに第4位にドイツ・オーストリアと同じく雪がくる。冬の大陸性気候の地域の特徴かと思われる。

さて、つぎに四季別の出現頻度をみよう。

第一の特徴は、第1位のものが圧倒的に多数で、第2位とは出現頻度に大きな差のあることが、どの国でも共通している。そしてヨーロッパでは冬か夏だが、東アジアの韓国と日本では秋が第1位となる。

このように東アジアで人気がある秋だが、ヨーロッパではドイツ・オーストリアではわずかに第3

位、スイスでは皆無である。逆に冬はヨーロッパでは第1位か第2位にくるが、東アジアでは第3位か第4位でまことに興味深い。春は、ドイツでわずかに認められるが、オーストリア・スイスでは皆無で、これはやはり今後の研究課題であろう。東アジアでは韓国で第2位、中国と日本で第3位である。

以上のべてきた通り、ヨーロッパと東アジアで、共通した面と、まったく異なる面とがあり、気候地名を通して、人びとの気候環境との関係が異なることがわかった。

なお、個々の気候地名についての解明が今後すすむことを望みたい。その結果として、比較文明論・比較文化論へも貢献できるであろう。

4章　地域別の気候地名の特色

この章では、気候地名の地域調査の若干の具体例をのべたい。これまで私が調べてきた地域は、気候地名からみて、もっとも重要とか、もっとも興味のある地域というわけではかならずしもない。場合によっては、他の研究の一部として行ったものとか、多人数の総合研究の一部として分担せざるをえなくなった場合とか、さまざまの理由がある。しかし、いずれの場合も研究の過程で私は深い興味を覚え、結果としてはもろもろのおもしろい現象を発見できた喜びにひたることができた。

一　関東地方とその周辺地域

調査地域

ここで扱う地域は、神奈川・東京・千葉・茨城・栃木・群馬・埼玉の関東地方の一都六県と、これと対比するための山岳地域として山梨・長野・岐阜の三県である。

表14　関東地方の都県における気候地名

都県名	地　名	よ　み	五万分の一の地形図名
神奈川	寸沢嵐	すあらし	上野原
	風早	かざはや	横須賀
	風祭	かざまつり	小田原
	日向	ひなた	上野原
	日向	ひなた	藤沢
	日向	ひなた	横須賀
	雨崎	あまさき	三崎
	須雲川	すくもかわ	小田原
東京都	戸吹	とぶき	青梅
	吹笛	うずしき	五日市
	日影和田	ひかげわだ	五日市
	日原	にっぱら	秩父
	日向和田	ひなたわだ	五日市
	雨間	あめま	青梅
	雪ヶ谷	ゆきがや	東京西南
	雲取山	くもとりやま	三峰
	雷電山	らいでんやま	五日市
	屏風山	びょうぶやま	聟島列島
	風早崎	かざはいざき	大島
千葉県	目吹	めふき	野田
	上吹入	かみふきいれ	成田
	下吹入	しもふきいれ	成田
	吹良	ふくら	上総大原
	屏風ガ浦	びょうぶがうら	銚子
	北風原	ならいはら	那古・鴨川
	風早	かざはや	東京東北
	風早	かざはや	佐倉
	当日	あてび	姉崎
	北日向	きたひなた	茂原
	南日向	みなみひなた	茂原
	小日向	こひなた	八日市場
	雨坪	あめつぼ	東金
茨城県	小吹	こぶき	水戸
	阿吹	あぶき	川部
	雪入	ゆきいり	真壁
	風返峠	かぜかえしとうげ	真壁
	慈雲寺	じうんじ	幸手
	五霞	ごか	水海道
	霞ヶ浦	かすみがうら	佐原・玉造
	上雨ヶ谷	かみあめがい	石岡
	下雨ヶ谷	しもあめがい	石岡
	雨引	あまびき	真壁
	赤雪山	あかゆきやま	桐生・足利
	唐風呂	からぶろ	足尾

県別にみた気候地名

神奈川県における気候地名は表14にあげる。総数は県の面積にも関係するが、関東地方の中ではもっとも少ない。すでに第2章でのべたように、わが国では一般に、地形の影響が大きいので、風・吹・嵐などの風地名と、日向・日陰などの日射地名とを比較すると、後者の方が多いのがふつうである。しかし、神奈川県では同数である点が注目に値しよう。神奈川県で興味ある地名は寸沢嵐（すあらし）である。江戸時代の『新編相模風土記稿』には「須阿良志」とでており、『角川地名大辞典』には、〝すわらし〟の項としてでているが、冒頭に〝すあらし〟ともよぶとある。いずれも語義は不明である。これは横浜国立大学名誉教授である伊倉退蔵の教示による。

栃木県	風見山田	かざみやまだ	矢板
	風見	かざみ	矢板
	雲巌寺	うんがんじ	大田原
	日向	ひなた	鹿沼
	日向	ひなた	川沿
	日向倉山	ひなたくらやま	糸沢
	雨ヶ谷	あまがや	結城
	霧久保	きりくぼ	大田原
群馬県	吹路	ふくろ	四万
	風口	かぜくち	富岡
	日影南郷	ひかげなんごう	沼田
	日影	ひかげ	草津
	雲尾	くもお	高崎
	霧積山	きりずみやま	軽井沢
	霧積温泉	きりずみおんせん	軽井沢
	日向	ひなた	富岡
	日向	ひなた	高崎
	日向	ひなた	古河
	大日向	おおひなた	富岡
	小日向	おびなた	高崎
	小日向	こびなた	古河
	高日向	たかひなた	富岡
	日向南郷	ひなたなんごう	高崎
	日向見	ひなたみ	古河
	小雨	こさめ	草津
	雨乞山	あまごいやま	追貝
	雨見山	あまみやま	四万
	雨降山	あまぶりやま	万場
埼玉県	吹上	ふきあげ	鴻巣
	屛風	びょうぶ	水海道
	破風山	はふざん	寄居
	風布	ふっぷ	寄居
	風影	ふかげ	秩父
	風洞	ふうどう	高崎
	日影	ひかげ	熊谷
	日出安	ひでやす	鴻巣
	上日出安	かみひでやす	大宮・鴻巣
	下日出安	しもひでやす	大宮
	雲取山	くもとりやま	三峰
	雲河原	くもがわら	寄居
	大霧山	おおぎりやま	寄居
	日向	ひなた	三峰
	日向	ひなた	万場
	日向	ひなた	秩父
	日向	ひなた	深谷
	大日向	おおひなた	三峰
	日向大谷	ひなたおおや	万場

写真12　北風原（ならいはら）

東京都は表14に示すように、神奈川県と同じく風地名と日射地名がやはり同数である。五日市の雷電山の名はわが国ではめずらしい。

千葉県は表14にみるように、関東地方の中では風地名が多い。これは冬の季節風、いわゆる空っ風が強いことと関係があるのではなかろうか。那古・鴨川の北風原（ならいはら）、佐倉の風早（かざはや）、成田の吹入（ふきいれ）などがこれである。関口武の『風の事典』には千葉県に風の局地的呼称として〝ならい〟が多いことを例示してある。

ノールウェイの西海岸で偏西風に面した微地形のところは風が強い。ヴィンデネス（Windenes　風地点）という地名がベルゲンとスタヴァンゲルの中間のアウステヴォルの島にあるが、千葉県の風地名が多いことと一致している。

ＪＲ総武本線の八街（やちまた）と成東の間に日向（ひゅうが）という名の駅がある。近くに日向台という団地もある。興味あるのは、そのすぐ近くに雨坪（あめつぼ）という地名があることである。日あたりのよい台地と、雨が降ると湿地になりやすい谷との一対をなす地名のように思えてならない。

写真13　千葉県山武町の日向小学校

写真14　千葉県山武町の雨坪と日向

茨城県には風の地名が多く、日射地名が見あたらない。これは千葉県と同じく、南部ではとくに冬の空っ風が卓越する地域だからである。また雨とか雪がある。これは茨城県が関東平野に接する山地との境界に位置するため、雨や雪の降水境界になることが多く、それがめだつので雪入（ゆきいり）や雨ヶ谷（あめがい）などの地名がついたのではなかろうか。ただし、後者は、県内にある天谷（あまがい）、天貝（あまがい）という姓にも関連していると考えられ、今後の研究がまたれる。なお、

図28　群馬県における雷電神社の分布（池田秀夫　1975年による）

水戸と日立の気候地名についてはあとでくわしくふれる。

栃木県においても、表14にみるように風地名と日射地名が同数で、関東の神奈川県・東京都などと同じ傾向を示す。数は少ないが霧や雪など山地特有の呼称がでてくることもやはりおもしろい。赤雪山（あかゆきやま）などは、その起源を調べると興味あろう。栃木県からみて偏西風の風上にあたる上信越国境には幾つかの活火山があるが、これらの火山からの噴煙や灰が雪に色をつけるのだとすると、栃木県ならではの山の地名といえよう。霧降滝（きりふりだき）なども山地特有の霧の出現と関係しているのであろう。

群馬県には日射地名が非常に多い。日向・日陰に関連する地名が西部の山地に多く、これが埼玉県につらなり、さらに長野県にもつらなる。これはおそらく、わが国の中部山地における居住形態及び集落立地の歴史と関係していると考えられる。

とくに川が東西方向の流路をとる場合、南向斜面と北向斜面のコントラストは明らかとなる。そのよい例は吾妻川沿いで、北岸を日向通り、または日向まわりとよび、南岸を日影通り、または日影まわりという。また、利根郡昭和村と勢多郡赤城村（現渋川市赤城町）との境をなして日向長井と日影長井があると都丸十九一は指摘している。冬の季節風は前橋付近になれば強くなるが、面積的には狭いので地名の出現頻度としては風地名は少ない。しかし、富岡の風口（かぜくち）、四万の吹路（ふくろ）などは、冬の季節風が吹きだしてくるいわゆる気流の道そのものを表現していておもしろい。五万分の一地形図にはでてこないので表14にはないが、都丸によれば、風地名として、吹上（ふきあげ）は吾妻町三島、境町女塚、笠懸村（現みどり市笠懸町）鹿、桐生市山田（吹上げ）にあり、吹張（ふっぱり）が富士見村（現前橋市富士見町）米野、板倉町岩田、尾島町出塚にあり、風張（かざっぱり）が新田町村田（現太田市新田村田町）、風久保（かぜくぼ）が川場村湯原にあるという。

雨乞山（あまごいやま）、雨降山（あまぶりやま）、雨見山（あまみやま）など、雨と関連する山の名がでてくるのも乾燥ぎみの地球の山地の特色である。

群馬県・栃木県・茨城県などの雷の頻度が高い地方は雷神をまつる雷電神社が多い。そのうち、群馬県で明治一〇（一八七七）年の記録「神社明細表」によって調べた結果は図28の通りであった。雷電神社は四五社、火雷神社が八社、その他、雨宮神社など関連ある社名をもつものが七社、それに摂社、末社など雷神を祀るものをくわえると総計で三五四社あったと池田秀夫は報告している。とくに多いのは利根郡、沼田地区でもっとも多く、次いで前橋、勢多郡が多い。

　雷をカンダチとも呼ぶ。茨城県の土浦市の近くに神立（かんだつ）という地名があり、常磐線の駅名にもなっているが、関係あるかも知れない。

写真15　秩父小鹿野町（旧三田川村）の日向バス停（1985年９月15日　石井実撮影）

　埼玉県には表14にみるように、日射地名がきわめて多い。写真15はその一例である。これは上述の群馬県と同じように中部山地と連結した人間居住の歴史に由来すると思われる。風地名が群馬県より多いのは、おそらく平野部の面積が群馬県より広いためと、利根川の川沿いに吹きだしてくる冬の季節風が、この部分で強くなり始めるためであろう。吹上（ふきあげ）、風布（ふっぷ）、風影（ふかげ）、風洞（ふうどう）などは、これに関連した地形と地名と考えられる。ただし、風布については柳田国男の考察を取り上げるべきであろう。

山梨県においては、表15にみる通り、日向・日陰の日照・日射地名が、風・吹・嵐などの風地名の約二倍の頻度で現れ、中部の山地の長野県、上述の関東西部の山地が広い県である群馬・埼玉の二県とほぼ同じ比率である。県の南西部には雨がつく地名が多くなるのは注目に値しよう。

長野県では県の面積が大きいことにも関係するが、気候地名が非常に多い。また日照・日射地名が

表15　中部山岳地域の3県における気候地名

県名	地名	よみ	五万分の一の地形図名
山梨県	横吹	よこぶき	都留
	笛吹川	ふえふきがわ	甲府・昇仙峡
	大嵐	おおあらし	鰍沢・富士山
	日影	ひかげ	金峰山
	日影	ひかげ	都留
	日之出町	ひのでちょう	甲府
	日原	ひばら	五日市
	雲取山	くもとりやま	三峰
	日向	ひなた	金峰山
	竹日向	たけひなた	昇仙峡
	日向山	ひなた	韮崎
	雨ガ岳	あまがたけ	富士山
	雨池山	あめいけやま	鰍沢
	雨畑	あめはた	身延
	雨畑川	あめはたがわ	身延
岐阜県	伊吹	いぶき	長浜
	伊吹	いぶき	岐阜
	山吹	やまぶき	船津
	間吹	まぶき	金山
	山吹峠	やまぶきとうげ	有峰湖
	日出雲	ひずも	萩原
	屛風山	びょうぶさん びょうぶうざん	根尾
	風野	かぜの	船津
	日影	ひかげ	高山
	日影	ひかげ	船津
	日影平山	ひかげだいらやま	高山
	日原	ひはら	津島
	日原	ひはら	谷汲
	日当	ひなた	谷汲
	東雲	あずも	船津
	雷倉	かみなりぐら	谷汲
	日向	ひよも	加子母
	雨乞山	あまごいやま	美濃加茂
	雨乞棚山	あまごいたなやま	加子母
	大雨見山	おおあまみやま	船津
長野県	山吹	やまぶき	飯田
	横吹	よこぶき	高遠
	吹上	ふきあげ	伊那
	吹上	ふきあげ	長野

長野県	風吹山	かぜふきやま	白馬岳
	吹嵐	ふくあらし	飯田
	日出塩	ひでしお	塩尻
	八風山	はっぷうざん	御代田
	屛風岩	びょうぶいわ	上高地
	風穴山	かざあなやま	妻恋
	風越山	かざこしやま	上松
	風越山	ふうえつざん	飯田
	風越峠	かざこしとうげ	坂城
	日影	ひかげ	中津川
	日影	ひかげ	赤穂
	日影	ひかげ	大町
	日影	ひかげ	白馬岳
	日影	ひかげ	十石峠
	日影入	ひかげいり	高遠
	大日影山	おおひかげやま	大河原
	日影山	ひかげやま	信濃池田
	日原	ひばら	大町
	小日影山	こひかげやま	大河原
	日影岩	ひかげいわ	赤石岳
	雲根	くもね	信濃池田
	雲雀沢	ひばりさわ	時又
	雲竜寺	うんりゅうじ	信濃池田
	鳴雷山	なるかみやま	塩尻
	霧ケ原	きりがはら	中津川
	霧ヶ峰	きりがみね	諏訪
	霧山	きりやま	根羽
	霧訪山	きりとうやま	塩尻
	日向	ひなた	坂城
	日向	ひなた	中野
	大日向	おおひなた	時又
	大日向	おおひなた	信濃池田
	大日向	おおひなた	小諸
	大日向	おおひなた	上田
	大日向	おおひなた	十石峠
	長日向	ながひなた	軽井沢
	小日向山	こびなたやま	白馬岳
	雨の宮	あめのみや	長野
	雨宮新田	あまみやしんでん	御代田
	雨宮県	あまのみやあがた	長野
	雨引山	あめひきやま	信濃池田
	下雨沢	しもあめざわ	塩尻
	雨飾山	あまかざりやま	小滝

風地名よりかなり多いのが特徴である。この点は埼玉・山梨両県と同じで、この事実は関東・東山山地の山岳地域における一般的な特色とみてよかろう。

風の地名の中で、吹上（ふきあげ）、横吹（よこぶき）、風越山（かざこしやま）などは、いずれも風に関連する現象そのものを表現している。日向・日陰は伊那谷の例でも、日向がさきに開発され、日陰はあとになると千葉徳爾は指摘している。しかし、通常、対の集落となって立地しているので、ほぼ同数である。雨・霧・雲など、山地にかかる雲の動向は生活と密着しているので数が多い。

岐阜県では、長野県に比較すれば、気候地名の総数は少ない。しかし日射地名と気候地名の比率などの傾向は同じである点が興味ある。ただひとつの例だが、雷倉（かみなりぐら）はおもしろい地名で、わが国のなかで他に例がないユニークな地名である。この土地では雷がよく発生するので、雷がここに格納されていて、次つぎとでてくるのだと人々が考えたとすると、ギリシャの風神などと似た発想であるが、私の想像は考えすぎだろうか。

表16　関東地方と中部山地の一〇都県における気候地名の出現頻度

都県名	風・吹・嵐	日向・日影	雨	雷	雲	雪	霧	露	霞	計
神奈川	3	3	1	0	1	0	0	0	0	8
東京	4	3	1	1	1	1	0	0	0	11
千葉	8	3	1	0	0	0	0	0	0	12
茨城	3	0	3	0	1	1	0	0	2	10
栃木	3	3	1	0	1	1	2	0	0	11
群馬	2	11	4	0	1	0	2	0	0	20
埼玉	6	11	0	0	2	0	1	0	0	20
山梨	3	9	4	0	1	0	0	0	0	17
長野	14	20	6	1	3	0	4	0	0	48
岐阜	7	8	3	1	2	0	0	0	0	21

この地域のまとめ

以上、のべた一〇都県の気候地名をまとめると、表16の通りとなる。

（a）気候地名は長野県が非常に多いこと、

写真16　東京都奥多摩町の留浦（とずら）の雨降りバス停（1985年９月15日　石井実撮影）

（b）関東地方の東部の茨城・千葉の両県では、風地名が日照・日射地名より多いこと、
（c）関東地方の南西部の神奈川・東京と北部や栃木の諸県では風地名と日射地名がほぼ同数であること。
（d）群馬・埼玉・長野・岐阜の四県では日射地名が風地名より多い。

これらは冬の季節風が関東平野にでて、関東平野の東部の広い地域で発達することと関連している。一方、山地では集落立地や土地利用に地形の影響が大きく、日射条件である日向・日陰が重要なため、このように出現頻度が高いと考えられる。

また、雨・雪・霧については次のことがわかった。長野・山梨などの高い山地があるところでは雨・雪・霧のつく山の名が多いのはとうぜんであるが、茨城県のように、関東平野または太平洋から直接気流がぶつかる山地をもつところでは雨・雪の降水限界となることが多いので、それを示す地名が相対的に多い。東京都も西部の山地になると写真16にみるようなバス停の名がみられ、思わずハッとする。

若干の事例の考証

まず、茨城県内のくわしい地名または、それに関連した事例を記述しておきたい。ただし、ここでのべる地名は五万分の一の地形図にはでていないので、表14には入っていないことを注意しておく。

堀口友一によると、水戸の酒門町（さかどちょう）の町内には社寺が多い。そのなかで、雷のつく名の神社をひろうと、まず、別雷皇太神妙義神社がある。水戸が雷の通り道のひとつであるところから、この名はうなずける。また水戸市北部の青柳町（あおやぎちょう）には、万代橋を渡った西側に鹿島・香取神社があり、武甕槌命経津主命を祭神とする。これを別名「夜の雨神社」とも言う。そうして、神社の南側の畑のよこに水戸八景のひとつ、青柳夜雨の碑がある。徳川斉昭の詩の一節が「雨夜更《ふけ》て遊ぶ青柳の頭《ほとり》」である。しかし、とくに、この地が夜間に雨の頻度が高いとは考えられない。

上国井町（かみくにいちょう）には、吹上という小字名があり、ここに大同二（八〇七）年に創建したという鹿島神社がある。埼玉県、長野県などの吹上と同じ語源と考えてよいかどうかは検討の余地がある。しかし、この町の四八の小字名のなかには、湿気、南湿気という興味ある名がある。地形地名とも考えられるが、気候地名としても注目してよかろう。

次に、日立の気候地名についてのべよう。堂平団地付近に「ナライ向」という地名がある。前述のように千葉県にも北風原（ならいはら）という地名があるが、同じ系統の地名と言えよう。柳田国男、関口武、瀬谷房之助によれば「ならい」とは〝東日本に多い北よりの風〟でこの付近では北ないし北西の冬の季節風による風である。日立の沿岸の会瀬の漁師もきらっている風である。この地域でとくに住民に意識されていたので、この地名がついたと思われる。また、吹上（ふきあげ）という地名が宿尻の西から産業道路をはさんで北に延びているところにある。海風が吹き上げていたと思われる。

大学日向（だいがくひゅうが）という変わった地名がある。中丸に近い日あたりのよい大きな窪地でかつて開拓地であった。最近、中丸団地の造成地に含まれた。むかし、佐竹家の家臣であった山口大学が、中丸の山城に住んでおり、日向守りと称されていたからこの地名が起こったと瀬谷は考えている。

窪影（くぼかげ）は地形の窪地の日にあたらぬところであろう。石灰岩地域には窪地が多いから、その意味では地形地名といえようが、影がつけばやはり日射条件に注目した気候地名とされよう。日向（ひむかい）は吉五郎台につづいた南に面した土地で、一日中、日射条件にめぐまれたところである。日向の東には朝日後（あさひうしろ）、そのさらに東に朝日前（あさひまえ）がある。市史によると、河原子の塙館には朝日主善正義輝がいた。朝日氏は佐竹義人に仕えて武功のあった人である。朝日氏の館の東を朝日前、西側が朝日後であろうと瀬谷房之助はいっている。

国道から西側はむかし井戸水に不自由したといわれ、日の口とは樋で水を引いた樋口ともいわれる。日の口に沿った南側にある南西に細長い日あたりのよい台地が日向（ひのむかい）であるが、樋向ともいわれる。このように、もし樋口・樋向となると、これは水源と関係した地形地名で、もはや気候地名ではなくなるが、さらに考証を必要とするだろう。

二　加賀の白山と風嵐

白　峰

石川県の南部、岐阜県と福井県に接する山村に、白峰《しらみね》村がある。海抜五〇〇メートルほどだが周囲は一〇〇〇～一五〇〇メートルの山やまで、その東は有名な加賀の白山である。白山はその名の通り雪をいただいた白い山やまで、大汝峰（二六八四メートル）と御前峰（二七〇二メートル）からなる。英語ならホワイトマウンテン、フランス語ならモン・ブランと同じ表現である。白峰の名は明治二二（一八八九）年の町村制のときからこうよぶようになったそうだが、よい名だと思う。

風　嵐

さて、白峰の南東約一・五キロに風嵐というところがある。ここには南から小さい七～八キロの長さの風嵐谷が手取川に入っている。白峰小学校校長であった織田日出夫の話では、白山おろし・御前《ごぜん》おろしとよばれる強い東風がとくにこの付近は強いとのことである。一九九三年四月に西田谷功・織田日出夫のお二人の案内でここを訪れたときは、風組が風嵐谷の砂防工事をしており、平成三（一九九一）年一一月に出来上がったりっぱな風嵐橋がかかっていた。こういう風地名がふんだんにでてくるとこ

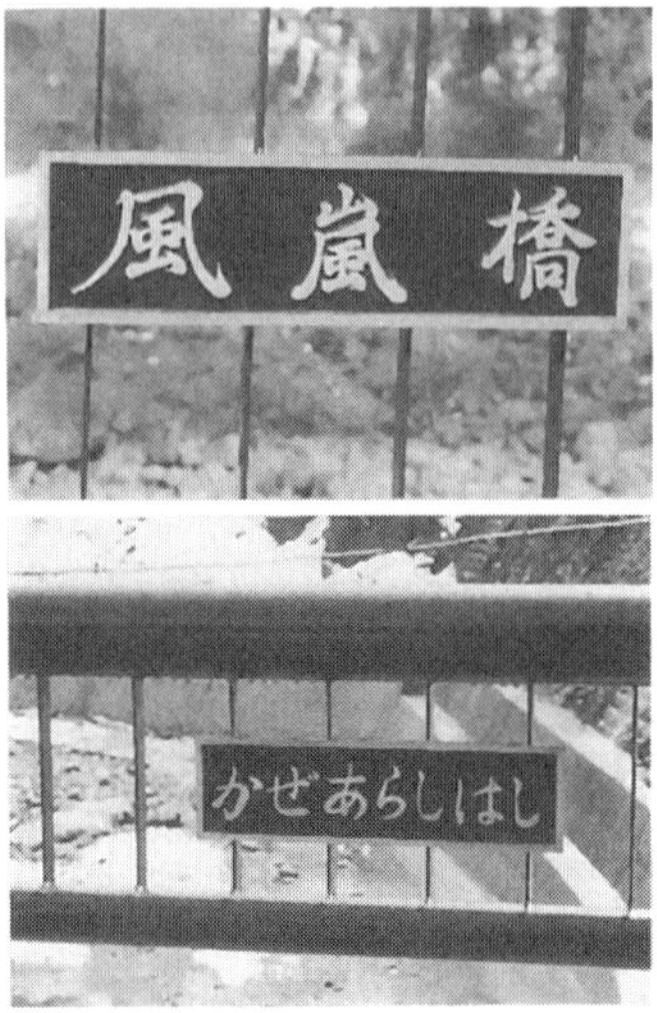

写真17　白峯のかぜあらしはし

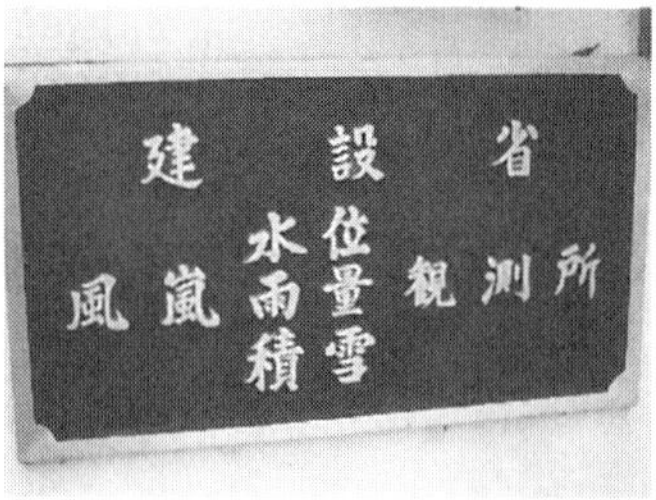

写真18　建設省ロボット観測所

ろもめずらしいので写真を撮った。ただし、橋のひらがな表示には「かぜあらしはし」（写真17）とある。土地の人びとは「風嵐」を「かざらし」といっているように筆者には聞こえたが、どちらが元来の発音かはっきりしない。近くには建設省のロボット観測所もある（写真18）。

興味あることに、この付近には「嵐」がつく地名が他にもある（図29）。現在の手取ダムの東側には「小嵐山」と「大嵐山」がある。それぞれの北側山ろくには「小嵐谷」と「大嵐谷」がある。さらに手取川の谷の西側（日本海側）の四、五〇〇メートルの尾根を西に下ったところ、すなわち、出合から中峠町を日本海側に一キロほど下ったところに「嵐町」の地名がある。さらに福井県になるが、勝山市にもやはり白山の古い登山口のひとつに「嵐」という地名がある。

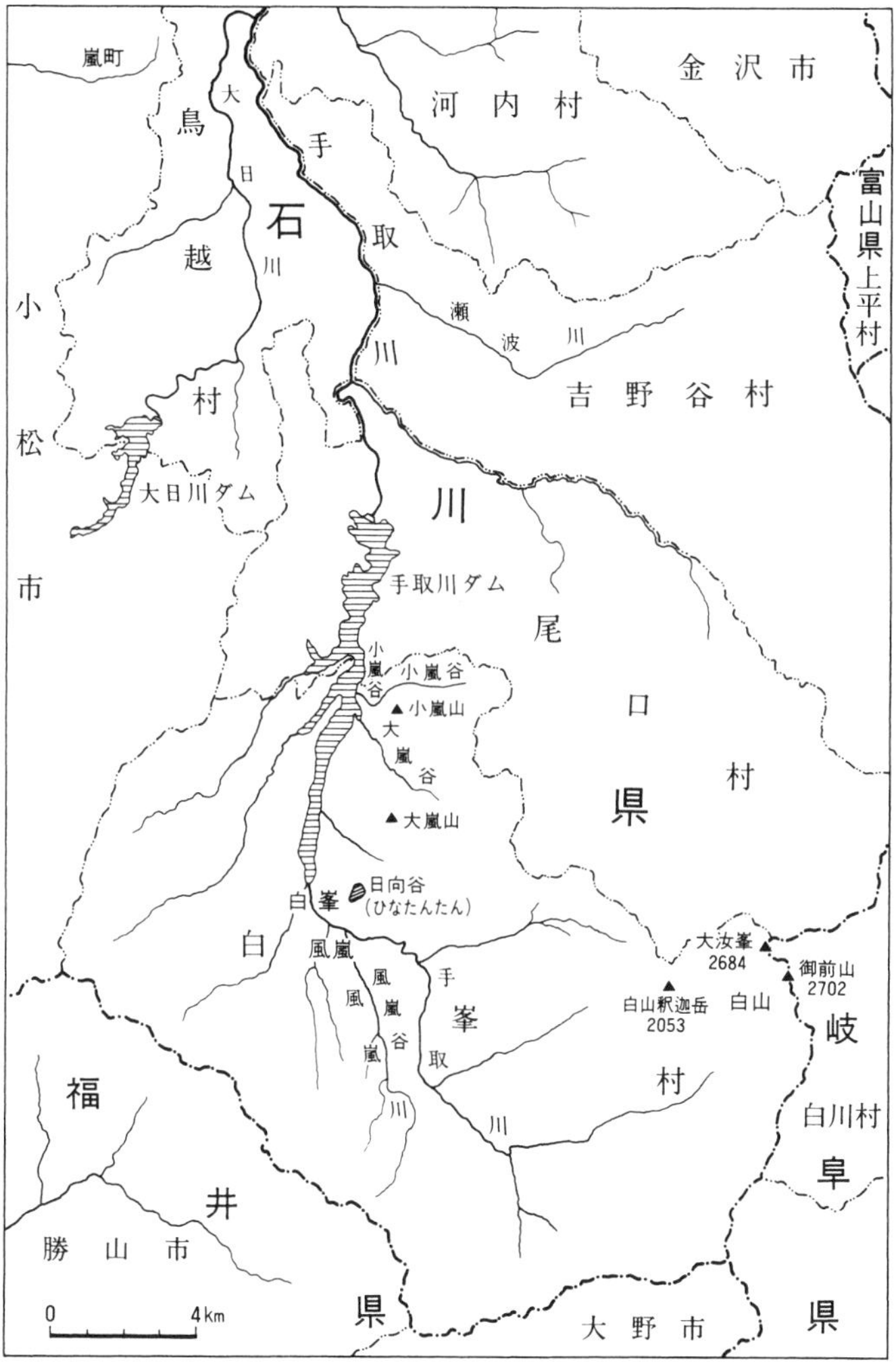

図29　白峯付近の「嵐」地名・「嵐」地名・山名・川名

これらに共通する地形的な特徴は、大きくみるといずれも東には岐阜県と石川県・福井県境を南北に走る海抜二〇〇〇<ruby>メートル</ruby>の山脈の西側である。やや狭くみると、東側には海抜一四〇〇〜一六〇〇メートルの山地があって、この山地の西側である。そして西に向かって谷が流れでる位置にある。さきにのべたように風嵐谷は南から北に向かうが、風嵐の場合は手取川本流のこの付近の流路と大杉谷川など西に向かう谷が重要と考えられる。

このような地形的な位置のところは、シノプティック・スケールの南風が本州の山地を越すとき谷に沿っては東の成分が強くなるので山脈を越して風下側の地面付近では東風の〝おろし〟が発達し、地形的に加速され、谷の中では強風となる。嵐という名がつきやすいのもとうぜんといえよう。

また、こういう強風が吹かない山の中腹で、傾斜のゆるい南向斜面は比較的暖かい。前記の風嵐の北東の山の中にある日向谷（ひなたんたん）は小さい谷で、温度条件はよいとのことである。

なお、ついでに風嵐にある「大ノマ山」にふれておく。千葉徳爾は白峰特有の小地名のひとつとして「ノマ」に注目している。ノマは北陸各地における底雪崩の方言で、尾口村（現白山市）五味島には「人喰ノマ」という場所があり、旧道がここを通っていたときには毎年のように雪崩による死者がでた。風嵐側では「大ノマ山」とよぶが、大道谷では「大ナダレ」とよび、そのものズバリを表現した地名である。厳密には災害地名であるが、なだれも気候現象のひとつと考えれば気候地名ともいえよう。

白峰の盆踊りの「かんこ踊り」は有名である。

河内《こうち》の奥は朝寒いとこじゃ
御前《ごぜん》の風を吹きおろす
あぁ御前の風を　御前の風を
御前の風を吹きおろす

加賀の白山山妙《しらたい》なれど
雪は降るまい六月は
あぁ雪は降るまい文月《ふみづき》葉月《はづき》
歌うてもうてお山へ登りや
雪の間に間に花が待つ

「かんこ」の語源は白峰村（現白山市）の教育委員会によると、(1)白山を開いた泰澄《たいちょう》大師が下山された時に村人が喜んで迎えた「歓喜《かんき》」の歌だとか、(2)野良仕事をするとき腰にさげる蚊を追うための火「カンコ」を下げて踊るからだとか、(3)太鼓の一種である「羯鼓《かっこ》」をたたいて踊るからだとかいわれる。

しかし、右に紹介した歌で、雪が二番に、風が一番にでてくるところが、私には興味がある。白峰の人たちには風と長い雪のインパクトが強いが、風が一番なのではなかろうか。「コ」は印章や判のことを「ハンコ」というように、意味がなく、カンはカゼがなまったとみるのは、風屋の私の余りにも身勝手な解釈であろうか。

三　尾　呂　志

風伝峠と尾呂志の集落

三重県南部の阿田和で熊野灘に流れ込む尾呂志（おろし）川の上流部にある尾呂志の集落の話である。ここは阿田和の北西、直線距離で約八キロのところにある。さらにその北西約二キロのところに風伝峠（ふうでんとうげ）がある。この峠から、一一月から二月、すなわち冬の季節風の気圧配置のとき、北西の風が吹きだす（図30）。このとき、霧もいっしょに峠から吹きだし、水平距離で二〇〇メートル、高度差で五〇メートルくらい下まででてくる。尾呂志ではきわめて強い風となる。この風のために尾呂志の稲はいつも豊作で味もよいといわれる。つまり風が稲を強く育て、病虫害を少なくし、収穫時期の乾燥に役立ったと思われる。風は局地的に異なり少し山かげになる川瀬では弱い。この霧は夜中の二四時ころから出て、早朝七時三〇分ころもっとも濃い。この霧は峠の背後の山地で形成された冷気湖の放射霧か、背後の風上斜面で形成されたフェーン現象による霧か不明であるが、いずれにせよ北西の風にともなって滝のように流れ出る。アドリア海岸で強いボラ風が吹き出すときにも似た現象がみられる。

尾呂志の集落では二階家はなく、写真19に見るように、屋根は低く、風上側には厚い石垣がひさしに達し、強風から家を守っている。一九八六年の九月、現地を訪れ、芝崎格尚・三重御浜農業共同組合営農課長に話をうかがった。どうして〝尾呂志〟の字を使って風の〝おろし〟を表現したのか、そして、どうしてこれが地名となるに至ったかを聞いてみた。まだ、不明な点は多いがそのときのお話や、『御浜町誌』・その他の文献を読んで現在、私が考えているのは次の通りである。

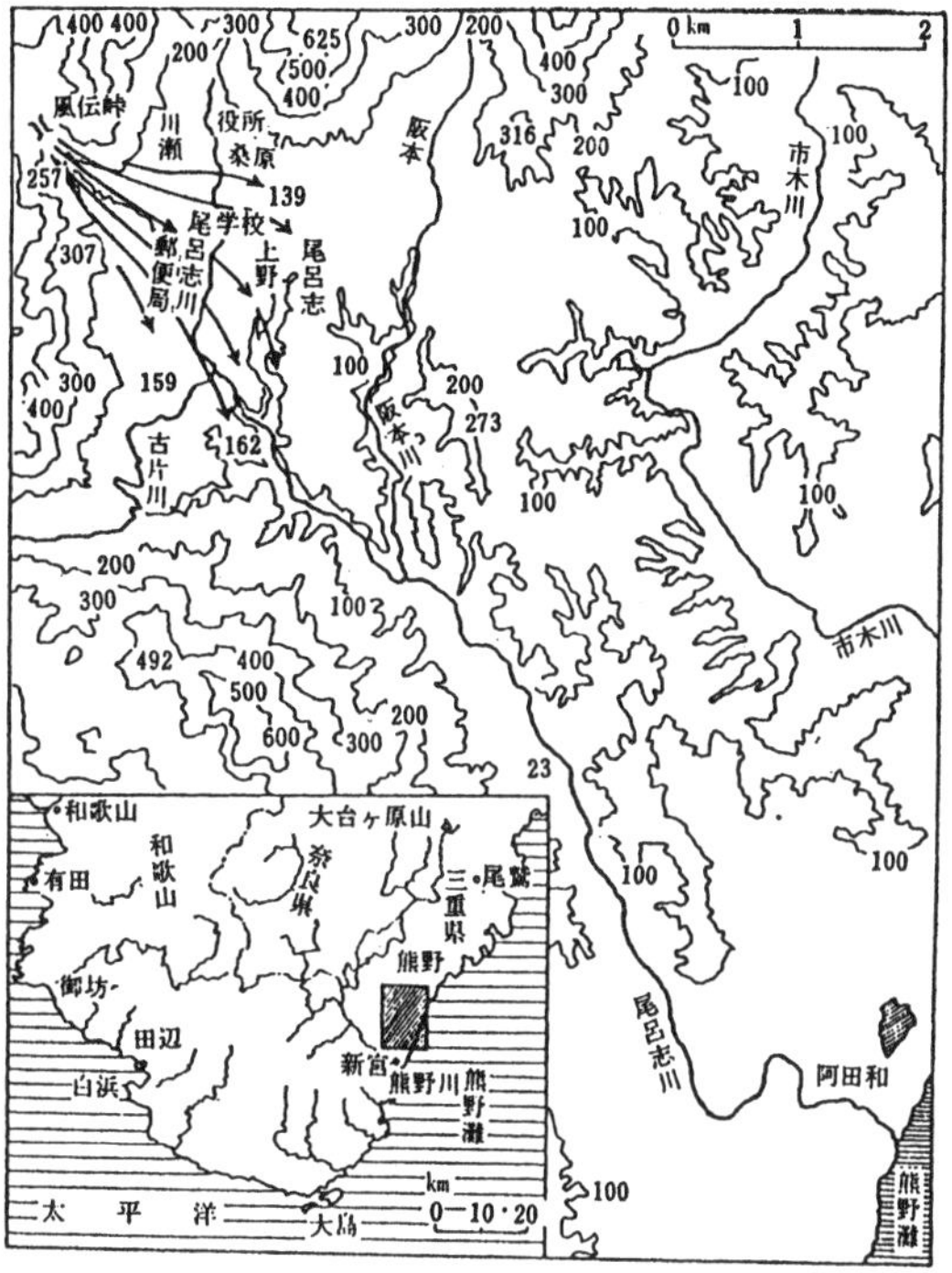

図30　三重県南部の尾呂志における集落と「おろし風」の分布

尾呂志氏

役所（やくそ）という集落

写真19　「尾呂志」の農家

厚い石垣で風当たりの強い北西側を守る．屋根は石垣に接するほど低く延ばす．

があるが、記録によれば、初め大和から派遣された入鹿・竹原氏がこの付近を支配した。おそらく鉱山開発のため、ときの政府から派遣されたのではなかろうか。図30にみるように役所の位置は風は弱く、この付近では最良のところである。その後、同族の尾呂志氏も加わった。しかし、尾呂志氏の城跡は、現在もあるが、その五〇〇《メートル》ほど南東の風の強いところにあり、風の条件は役所よりはわるいのである。尾呂志氏の名が初めて文献に出るのは一五世紀後半で、長享二（一四八八）年という。また、村中に大来寺という寺が、文明ころ（一四六九―一四八六）あったが、この寺は代々尾呂志氏から高六〇石拝領とあるから、尾呂志氏の実力は大きいものであった。現在の尾呂志集落はそこにあり、その名がのこっている。これが尾呂志の由来である。しかし、この説によると、大和から派遣されたときすでに尾呂志氏を名のっていたというなら、風の「おろし」とは関係がなくなる。私はむしろ後から三番目に派遣された人が、この土地へ来て尾呂志氏を初めて名のったのではないかと思う。つまり風伝颪（ふうでんおろし）の名がさきにあったのではなかろうか。そして、強い「おろし」が吹くところに城を築き、定着しなければならなくなったので「尾呂志」氏を名のったのではなかろうか。

峠の歴史

風伝の語源としては〝瘋顚〟（ふうてん、風が狂うこと、つまり風が強いこと）、または、〝風殿〟の説がある。いずれにしても強風・多風と結びついている。しかし、まったく別の解釈では、次のようである。この峠は熊野三山への往来に使われた。そのさい、御神体を移すのに「ホーレン」（屋根の上に金色の鳳凰をつけたみこし）をかつぐ。この峠で「ホーレン」をおろして休んだので、ホーレンがなまって風伝峠となったという。しかし、休憩したのは、何もこの峠だけではなかったのではないかと私は思う。

写真20　風伝茶屋（1986年10月撮影）

風伝峠の風伝茶屋（写真20）はその昔から旅人の休み所であった。昭和に入って、新宮の青果物商の榎本清造がこの茶屋を維持し伊勢の赤福に似た名物の「風伝餅」の伝統を守った。彼の死後、休店状態になったが息子によって復活した。

尾呂志川の支流のひとつに、小尾呂志川（ころしご）という支流がある。この川の中ほどに岩で囲まれた水深約八メートルの「あいどまり」とよばれる渕がある。その上流に約四メートルの滝がある。鮎が上って来てこの渕で止まるのでこの名があるという。

昔からこの滝つぼの底の岩の下に蛇が住んでいて、この底から市木のカンボの池まで穴が通じていて蛇が往来していると信じられていた。日照りがつづくと、住民数百人が桶や梯子や樋などを用意して、数日がかりでこのあいどまりの水をさらいだし雨乞いをした。これは、蛇が水がなくなると天に昇って雨を降らせると言い伝えられたからである。水をかいだすたびに底の岩にそのときの年月日を刻むことにしていたとのことである。

四　沖縄の南風原と東風平

現地調査のきっかけ

沖縄では六月中旬から下旬の夏至のころ、梅雨明けとなり、毎秒一〇メートルくらいのやや強い南風が吹き始める。これを沖縄本島では夏至南風（カーチーベー）とよび、宮古島や石垣島では「カーチーバイ」とよぶ。同じ南風でも二月下旬ころの早春の南風は大南風（おおみなみ）という。梅雨季に前線の南側で黒味をおびた積乱雲とともに吹くのは黒南風（クルフェー、くろはえ）、前線上の低気圧に吹き込む強い南風は荒南風（あらはえ）、梅雨明け後の南のそよ風は白南風（シューフェー、しらはえ）、新南風（アラベー）である。

もう何年か前のこと、那覇の沖縄気象台から糸数のレーダーサイトへ行く自動車の中から、南風原や東風平の地名が書いてある行先標示板を初めて見たとき、私はかたずをのんだ。〝東風〟とか〝南風〟とかがつく地名ひとつひとつもおもしろいが、ある交差点では一枚にその両方がでてくるのは、おそらく世界中で沖縄だけであろう。気候地名に関心をもつ者にとって、その地名の由来がどうあれ、こういう文字が並ぶだけで我を忘れるくらい引きつけられるのである（写真21）。

その後、仕事で何回か沖縄に行く機会があり、東風平と南風原について、余暇をみては資料を集めたり、話を聞いたりした。そこでその結果を少し紹介したい。

仲松弥秀が代表者の『南島の地名』第一集（一九八三）、第二集（一九八五）、第三集（一九八八）にはたくさんの研究論文が発表されているが、気候地名についての研究成果にはふれてない。私のこのささやかな記述が何かの参考になれば幸いである。

風の沖縄語

島袋盛敏が一八九〇年から資料を収集した『沖縄語辞典』が国立国語研究所資料集五として大蔵省

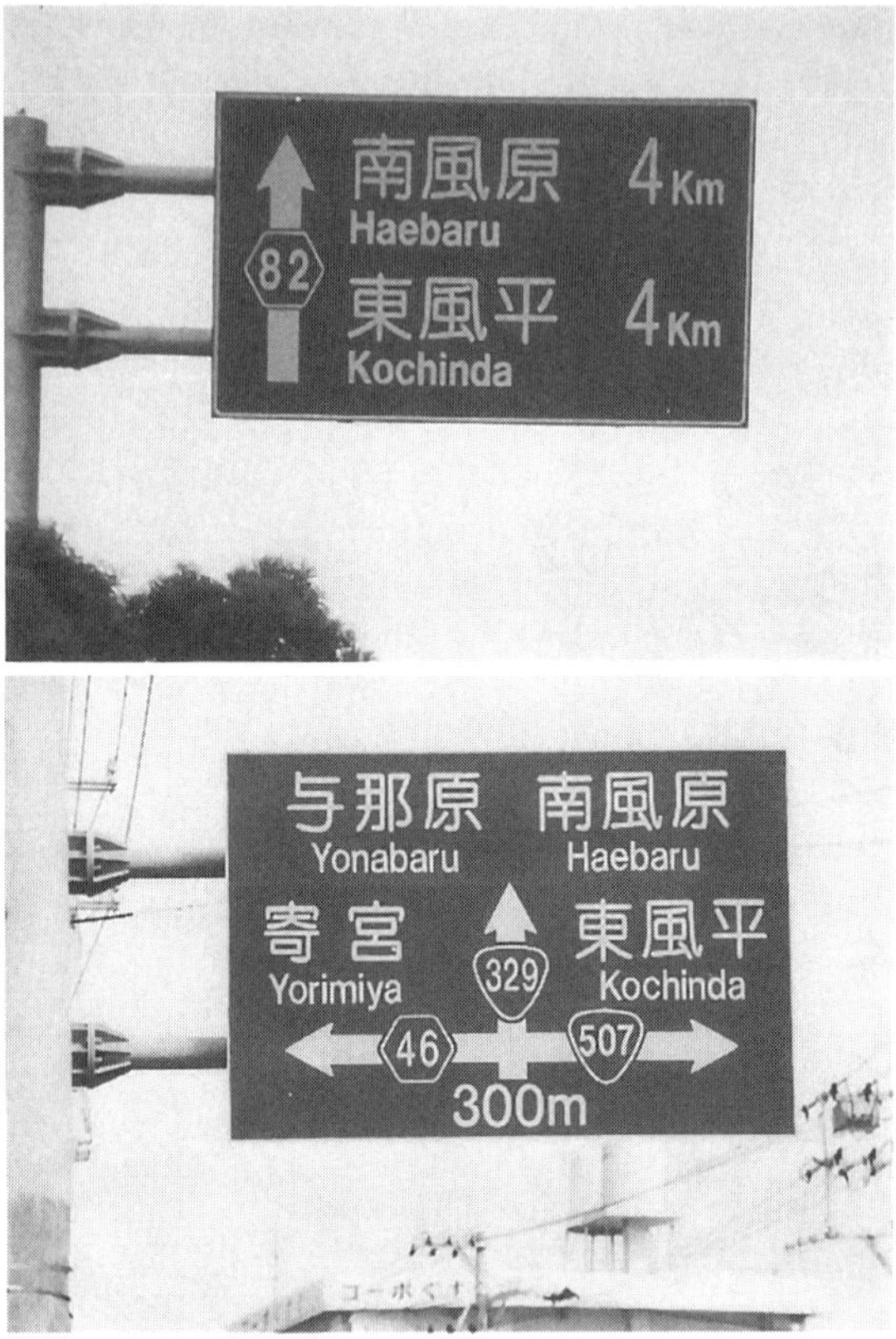

写真21　南風原と東風平の道路標示板
（1996年4月撮影）

印刷局から一九六三年に八五四ページの大冊として刊行されている。その中から風にかんするいくつかの語をひろってみたのが次の結果である。

風はhaziと発音する。haziはかぜが回ること、hweemaaiはかぜが南に回ることをいう。その他、一括してみる。

hazigataka　風よけ。
——huci　暴風。

——huci　?aakeezuu とんぼの一種。暴風の吹きそうなとき、前ぶれのようにみだれ飛ぶ赤とんぼ。

——kataka　遮蔽物。

——maci　旋風。海上の竜巻は ruu という。

——majaa　風車（かざぐるま）。風に舞うものの意。その他、十字形、十文字、十字路などもいう。

——?waara
——waara　｝風上のこと。


地名について、ここでとりあげた南風原と東風平の専門的発音を書いておくと次の通りである。

南風之平等	hweenuhwira	（首里）
南風見	hweemi	（八重山—石垣間切）
南風原	hweebaru	（島尻—大里間切。中頭—勝連間切）
南風原間切	hweebaru	（島尻）
東風平	kuciNda	（島尻—東風平間切）
東風間切	kuciNda	（島尻）

別の甲東哲『島のことば沖永良部島』（三笠出版、二四三ページ）によると風はハジ、風下はハジシ

ャ、風が息しない、無風状態をハジヌ・イチ・シラン、風が下がる（北から東になる）をハジヌ・サガユン、風が静まるをハジヌ・トゥリユン、風吹き（台風）をハジフチ、風が強いをハゾサン、冬の南風はすぐ雨になるはフユ・ヘーモイワ、アミヌヤーとなる。

南風原（はえばる、へーばる）

『南風原村史』（一九七一年）によると、南風原間切は、首里王庁の南方に隣接する地方で、南風原の住民は南風（フェー）がなごやかに吹く福徳をもたらす里であったと考えている。南風原（はえばる）の語源は首里にとって南風が吹いてくる方向を示すものと考えてよかろう。しかし、問題なのは、たとえば、東大里（あがりおおじゃと）、東金城（あがりかなぐしく）などのように、方角だけを指し示すためなら、何も〝風〟の文字をとり入れる必要もないように思われ、ここに依然として不明の点はのこる。

東（あがり）、西（いり）、南（はえ）、北（にし）、のうち、「あがり」と「いり」は太陽の日の出と日没に関係していることは一般的に認められている。ではどうして南が「はえ」なのかは国語と同じく、草木の芽ばえがもともとの表現とされている。「にし」は根風の義だと、宮城真治は書いている。冬の北よりの季節風が卓越し、北は風の根にあたるように思われたからであろう。「し」とか「ち」は風のことである。

南風（はえ）という地名はもちろん本州・九州にもあり、たとえば下関の漁市場を南風泊（はえど

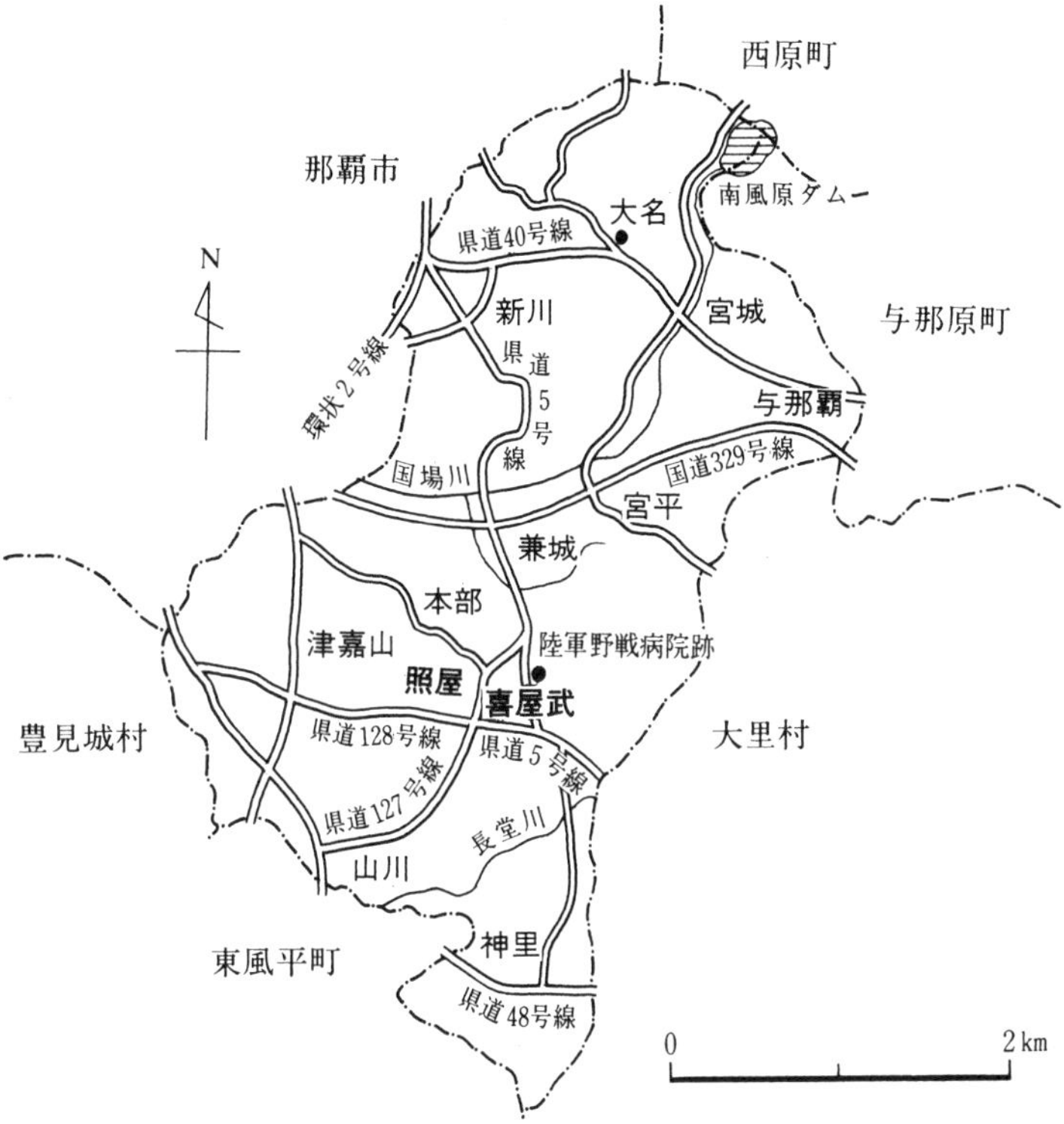

図31　沖縄県南風原町の範囲

まり）市場という。三月いっぱいまで、フグの水揚げで活気を呈する市場である。

史実としてわかっているのは、九世紀から一三世紀にかけて村々の指導者、すなわち按司《あじ》がでた。按司は城《ぐすく》をかまえた。南風原の唯一の城は内嶺（うちんみ）城である。一四世紀初めには沖縄島には南部・中部・北部の三つの国ができた。南風原間切の番所あとは宮平にあるが、この番所の役人はすべて首里王府の任命であった。沖縄県南風原町

写真22　南風平町役場（1989年８月６日撮影）

教育委員会によると、首里王朝の直轄下に統治された間切で、首里三平等《みひら》のうちのひとつを南風平等（はえのひら、ふぇーぬふぃら）といった。首里王城を中心にして北には西原（にしばる）間切、南には南風原（へーばる）間切があったが、この他、越来城・勝連城・島添大里・その他の城の近くにもそれぞれを中心にして「へーばる」・「にしばる」という村もしくは原名（はるなー）をもったところがあった。なお、崎原恒新が指摘するように、このように南と北の方位観はあったが、東西を示す方位観はなかった。では、東風平はこのような方位観とは別なのであろうか。あとで再びふれたい。

西原・南風原・真和志の三間切を総称したものとして、首里三平等の名称が始めて史書にでてくるのは慶安三（一六五〇）年編纂の『中山世鑑』だと東恩納寛惇は『南島風土記』に書いている。また、田名眞之がいうように、正保三（一六四六）年に完成した『絵図御村帳』には、はえ原村の名が記されている。

南風原は明治一四（一八八一）年一月一日の人口は一〇八戸で五〇五人であった。第二次大戦末期の沖縄戦のとき、南風原陸軍病院の壕では重傷患者二〇〇〇余名が自決した。南風原を語るときには忘れてはならない。

現在の南風原町は面積一〇・八七平方キロ、人口約三万、首里三平等を受け継いだ行政区画で、明治四一（一九〇八）年に村制を敷き、昭和五五（一九八〇）年に町制を敷いた。図31にみる通り、北西は那覇市、西は豊見城《とみぐすく》村（現豊見城市）、南は東風平町（現八重瀬町）、南東は大里村（現南城市）、東は与那原町、北のわずかの部分で西原町に接している。写真22は南風原町役場。

なお、与勝半島のつけ根で中城湾に面したところ、勝連《かつれん》町（現うるま市）の字に南風原という地名がある。これはいまのべている南風原とは別であることを記しておく。また、留意しておかねばならないことは、『球陽』にでていて、現在も使われている小字名として波江原があることである。

東風平（こちんだ、くちんだ）

『球陽』には、玉城王即位元（一三一四）年に、「延祐年間、国分れて三となる。大里按司自ら山南王と称す。」とあり、山南に東風平間切の名が初めてでてくる。しかし、その後、慶長一六（一六一一）年の間切番所の設置記録にはこの名がみられない。明治一四（一八八一）年の資料にはもちろん東風平間切の名がある。

現在の東風平町は東風平間切の行政区画を受け継いでおり、面積は一四・九三平方キロ、人口約一万三千である。東風平町は図32にみるように、北は南風原町と豊見城村、西は糸満市、南から東は具志《ぐし》頭《かみ》村（現八重瀬町）、東は大里村（現南城市）に接している。東風平町の字の一つに東風平があり、町のほぼ中心に位置する。公共施設が集中し、町の行政と経済の中心である。近年、急速に那覇のベッドタウン化し、人口が増加している。

東風平の語源はどうであろうか。一二二三ページの大冊である『東風平村史』（一九七六）によると、東風平は方位によって構成されたものとしている（六三ページ）。東風は〝こち〟、平は〝ひら〟で、平とか原（はら、転じて、はる）は地形的に広い開けたところのことである。

しかし、私にはこの東風平の語源は十分にはなっとくがゆかない。もともと、沖縄では南北の方位はよく認識させているが、東西は地名として多くはないといわれている。かりに方位だとしても、どこの何を中心にした東なのであろうか。『東風平村史』の六四ページには、この村が山南王管下にあったことから、山南城、あるいは俗に言う「ウサチナンザン」が中心ではなかろうかと記してある。

神田精輝が「東風平小学校創立五〇年記念誌」によせた東風平の古名は「こちやひら」で、〝こちや〟は東風平の地質に符合し、〝ひら〟は前記の地形の表現で説明がつくという。しかし、筆者は〝こちや〟とはどういう地質の名称か確かめてない。

一方、この付近の卓越風向は南東で、この風をとくに夏は夏至南風（かーちーべー）とよび、この地方では比較的涼しく感じられる。この南東の風が東風（こち）としてとらえられたというなら、気候地名の最たるものとされようが、私は手ばなしでこう主張する元気はいまのところない。『沖縄大

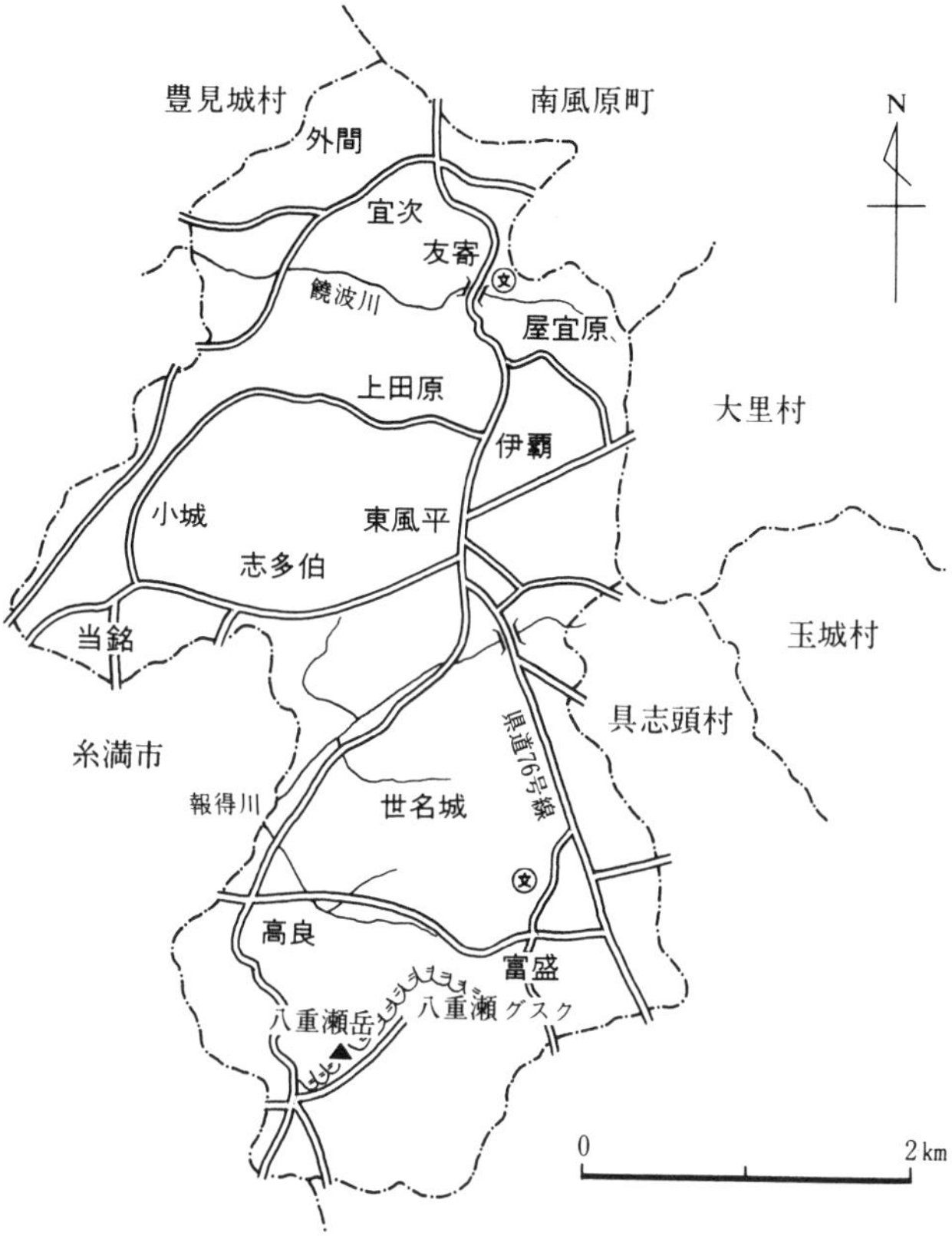

図32　沖縄県東風平町の範囲

百科辞典』や、『角川日本地名大辞典』四七巻沖縄県などには、東風平間切、東風平町、東風平などの歴史や町の現状について非常にくわしい記述があるが、語源についてはまったくふれられてない。東風平村史の結論と同じく、「興味ある研究課題で、斯道の先達の卓見を待つことにしたい」としめくくるのがよかろう。卓見がでるまでは、『風は気候学的な〝風〟ではなく、〝の〟くらいの意味』で、南風原は「南の原」すなわち、南方にある原野または耕作地と解釈するか、または原をたんに〝方〟と考えて〝南の方〟とも考えられる。東風平は「東の平」すなわち、東方にある傾斜地、坂の意であるくらいに考えておく方がよいのではあるまいか。

南風原・東風平の姓名

南風原と東風平の地名に関連して氏名《うじ》（姓名）の分布をみるとおもしろい現象があるので紹介しておきたい。

崎原恒新の「沖縄の地名の由来」によると、沖縄では姓名は地名を受け継いだものが八〇～九〇％であろうという。だからその姓名を聞くと、出身は八重山の人だとか、宮古の人だとか判断がつくとのことである。また、村の中の草分けの家、いわゆる旧家（ムートゥヤー）などに、その村と同じ姓をもつことがまずないのも特徴であるという。やはり、一つの字の中でも、その字と同じ姓をもつ者が意外に少ないとのことである。では、この姓名の局地性はどうしてあるのだろうか。脱線の勢いで、NTTの五〇音別電話帳「沖縄県南部」版から、企業や店をのぞいて、南風と東風にかかわる姓名をひろいだし、市町村別に集計したのが表17である。

東恩納寛惇の『沖縄風土記』によれば、琉球の地名および姓名は過去三回大きな変化が起こったとのことである。その第一回目は一四世紀末に三六姓の帰化とよばれ、仮名の地名・人名が漢字になった。その第二回目は慶長検地以降の改変で、在来の地名・人名をなるだけ大和めかないよう改めた。すなわち、元和九（一六二三）年八月二〇日の禁令である。しかし、羽地按司（尚貞王時代）には地名・人名に和様がめだった。第三回目は明治時代で明治二九（一八九六）年の区制である。このように、三回も大きな改名・命名のチャンスがあったことは、次の特徴を生んだ。すなわち

（1）地名が姓名を通じて受け継がれた。

（2）人の移動には局地性があるから、姓名の分布に局地性が生じた。

（3）出身地に居残る人達はその出身地の地名を使わなかった。あるいは、使うことが禁じられていたのならば、その歴史学的な研究が今後の課題であろう。

（4）間切名には東西を示す方位観は少なかったといわれる。

表の最右列には電話帳のページ数を記入してあるので、おおまかな電話加入件数の指標となろう。この表から幾つかの興味ある事実がわかる。すなわち

（1）東風にかんする姓は東風平一つだけだが、南風にかんしては南風原を頂点として、南風野、南風立が次いで多く、南風本、南風見、南風盛などがある。一例のみも入れると、九種類ある。

表17　沖縄における市町村別の東風平と南風原系統の氏名（姓名）の分布

	東風平《こちんだ》	南風原《はえばる》	南風見	南風野	南風	南風本	南風盛	南風里	南風立	南風成	電話帳のページ数
〔沖縄本島〕											
那覇市	31	24	2	2	0	0	1	0	0	0	464
浦添市	2	6	0	0	0	0	0	0	0	0	109
糸満市	2	4	0	0	0	0	0	0	0	0	49
南風原町	1	1[1]	0	1	0	0	0	0	0	0	30
豊《と》見《み》城《ぐすく》町	0	9	1	1	0	0	0	0	0	0	47
東風平町	0[2]	1	0	0	0	0	0	0	0	0	13
西原町	2	1	0	0	0	0	0	0	0	0	28
与《よ》那《な》原《ばる》町	1	0	0	0	0	0	0	0	0	0	18
大里村	1	1	0	0	0	0	0	0	0	0	11
玉《たま》城《ぐすく》村	0	3[3]	0	0	0	0	0	0	0	0	10
渡《と》名《な》喜《き》村	0	11	0	0	0	0	0	0	0	0	1
〔宮古島〕											
平《ひら》良《ら》市	6	7	0	0	0	0	0	0	0	0	56
〔石垣島〕											
石垣市	3	15	1	9		2	6	1	13	2	65
〔竹富島・西表島など〕											
竹富町											8
小浜	0	0	1	0	0	0	0	0	0	0	
それ以外[4]	0	0	2[5]	0	1	3	1	0	0	0	
大原	0	0	0	0	0	1	0	0	0	0	
大島町	0	0	0	0	0	1	0	0	0	0	
											5
〔波照間島〕	0	0	0	0	0	1	0	0	0	0	
〔与那国島〕	0	4	0	0	0	0	0	0	0	0	
合計	49	87	7	13	1	8	8	1	13	2	

1）役所，郵便局，学校，会社など48件ある．例：南風原薬局，南風原せともの店，南風原砂販売店など．他にはなし．個人経営の店の名ででているもののみ．

2）←東風平連送会，東風平タイヤサービス，東風平町農協，東風平町役場など52件あり．

3）←親慶原に集中している．

4）西表《いりおもて》を含む．

5）西表に南風見という地名あり．

＊この表には，東風平と南風原系統の氏名（姓名）がまったくなかった沖縄本島の佐敷町・知念町・粟国村・南大東村を省いてある．

(2) ふしぎなことに南風という姓名は少ない。いいかえれば南風に何か付け加わった姓が一般的である。

(3) 東風平町には東風平姓が皆無である。同じく、南風原町には南風原姓が事実上、皆無である。これは前記の崎原の記述を裏付けている。

(4) 東風平姓は那覇市、平良市（現宮古島市）などの全都市人口に占める比率が大きい。一方、南風原姓はむしろ、こういう都市で全人口に対する比率が小さく、本島の豊見城町・渡名喜村、石垣市などで比率が大である。いいかえれば、両者それぞれ分布に地域性がある。

右の四つの事実のうち、とくに三番目が私の興味をひいた。これは東風平や南風原ばかりでなく、他の地名についても同じ現象があるのだろう。姓名の構成においても東風のような東西も示す方位観は南風に比較して弱い。南風は幾種類かの付加文字がくわわる。やはり方位観の差ではなかろうか。とくに、最後の（4）については人びとと気候インパクトの関連を解明する上でも今後の課題として重要である。

気候地名の研究から脱線して、思いがけなく、沖縄研究のおもしろさを味わわせてもらった。

五　台湾の南端にて

恒春半島の落山風

台湾の最南端の恒春半島では「過山風」と農民がよぶ乾燥した強風が吹き、その特性を生かした冬の水田の裏作として、たまねぎと鳥豆を栽培する。最近刊行された台湾の気候誌によると、台湾南部では北東季節風が吹くとき、山脈を越した気流がフェーン現象を起こす。この局地的な強風はいわゆる「おろし」で中国語で「落山風」という。恒春半島における冬の北東季節風が中央山脈の南部の低い所を越えて西海岸に吹いてくるので、「過山風」ともよぶという。一九八〇年に私が初めて中国に行ったとき以来の畏友で農業気象学者である江愛良教授によると、「落山風」も「過山風」もいわゆるある地方だけの局地風名ではなく、一般的な普通名詞だとのことである。したがって、気象学の辞典などにはでていない。

台湾の落山風（Luosanfun）は、南端に近い西海岸の北緯二二度一二分に位置する楓港（Fengkang）以南で発達する。土地の人にきいたところでは、風力はふつうは四～五だが、ときには八～九にまで発達する。とくに強いのは真冬で、強風が吹き荒れ、砂ぼこりが空を舞う。風が強いときは自転車はもちろん、バイクも走れない。住民は顔に砂があたらないように帽子や頭巾をかぶり、独特な地方的スタイルがみられる。

建物も風やほこりの影響を考慮して建てられており屋根も低く、建物の配置にもその対策が反映している。たとえば、恒春の住民は強い風砂と戦う形跡を残している。たとえば、恒春の旧市街には、写真23にみるようにしっくいで固めた屋根の古い家がまだ多い。

写真23　恒春の旧市街の屋根

一九八九年三月台湾を旅行する機会にめぐまれた。その後、日本にある資料や記録を整理してその気候学的特徴を明らかにした結果は、雑誌「地理科学」に発表したので参考にしていただきたい。ここでは地名にかかわることを少し紹介しておきたい。

台湾南部の恒春半島では落山風または過山風と農民がよぶ北東の乾いた強風が吹くときは、東アジアにおける冬の季節風が発達するときである。とくに、揚子江の河口部付近に局地的な高気圧があり、一方、バシー海峡付近に低気圧があるときに非常に強くなる。この気圧配置は図33に示す通りである。風下である西海岸では東海岸より気温が二～三度高く、相対湿度は低い。日変化では夜半から明け方に強くなることが多い。

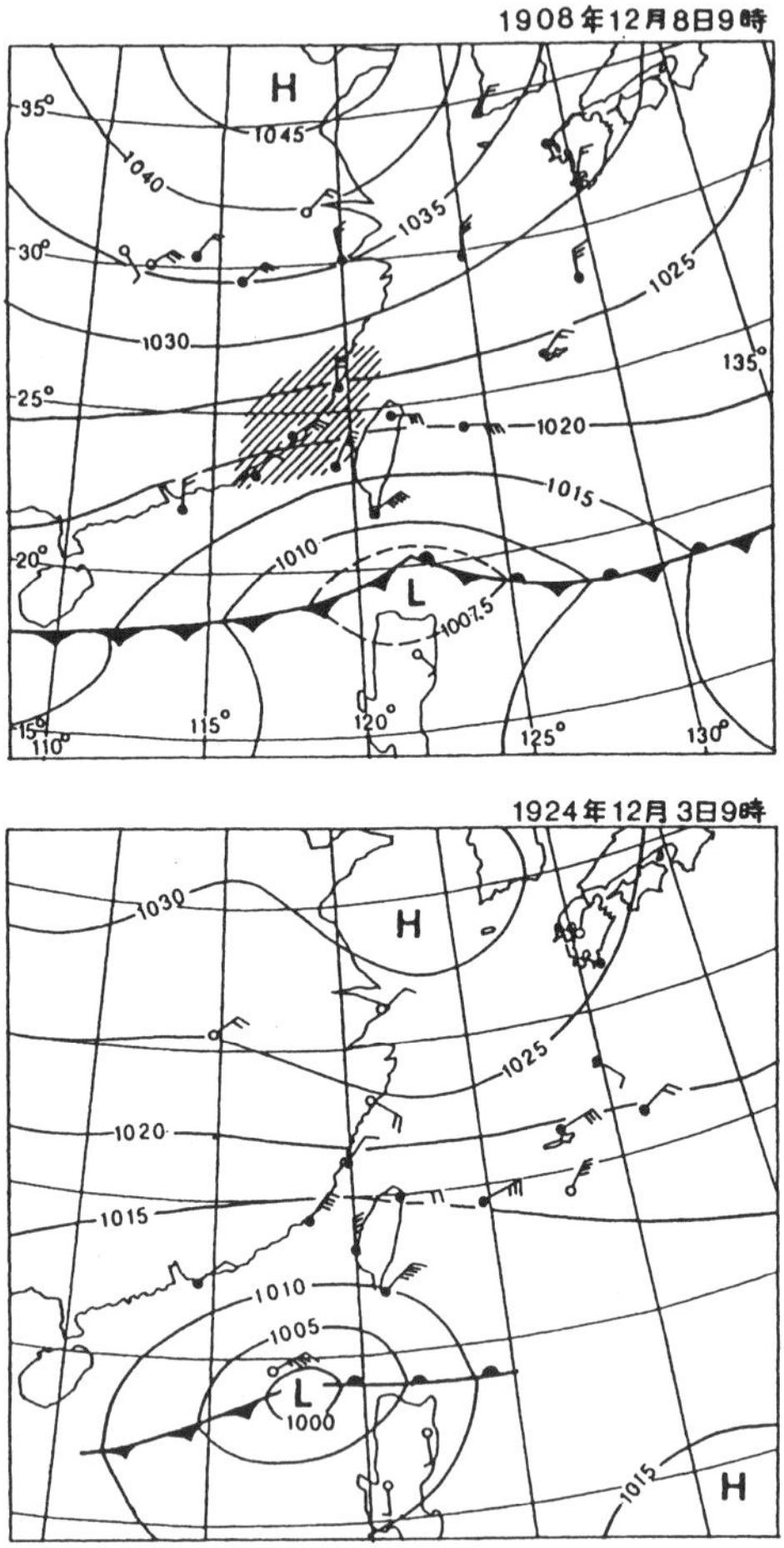

図33　「落山風」のときの天気図

図33（上）の一九〇八年一二月八日はいわゆる強い西高東低で、渤海湾に一〇五〇ヘクトパスカルの発達した高気圧があり、一方、千島には九七五ヘクトパスカルの発達した低気圧があって、本州から南西諸島・台湾にかけて強い冬の季節風が吹きだした。この冬は一般的に北東季節風がきわめて強く、一一月下旬から連日、恒春では北東から北北東の毎秒一〇メートル以上、ときには毎秒二五メートルを越える強風が吹いていた。そして一二月八日二時には毎秒二八・七メートルに達した。恒春—台東の気温差は二・四

—三・〇度に達し、ときには三・二度に及んだ。

図33（下）は一九二四年一二月三日の天気図で、この冬も一一月から連日毎秒二〇メートルを越す北東ないし北北東の強風が恒春で吹いた。華北には一〇四〇ヘクトパスカルの強い高気圧があり、バシー海峡にある一〇〇〇ヘクトパスカルの低圧部に向かって台湾南部は北東の強風になっている。

「落山風」が吹く地域

台湾の農業気象学者である徐森雄（私信）によると、恒春地域の強い落山風を利用して、政府は「洋葱生産専業区域」すなわち、「たまねぎ生産を専業とする地域」を設けているという。その理由は次の通りである。

（1）強風のため洋葱の葉に露が結びにくく、そのため病害が少ない。

（2）強風のため、洋葱の葉が自然に風下の方向に倒れる。これがねぎの肥大成長を促進する。

（3）冬でも気温が他より高く、しかも気温日較差がちょうど洋葱の栽培に適している。

このような理由から洋葱生産地域として発達している。これは日本の富山県において春先にフェーン現象による強風が吹き、神通川が平野部にでようとするところの庵谷付近から笹津にかけてラッキョウの産地となっていることと同じく、フェーン現象による強く乾いた局地風が根菜類栽培にかかわる共通した現象として興味がある。

なお、烏豆とは大豆の一種類で、その皮が黒いので黒豆（くろまめ）ともよび、その栽培はごく少

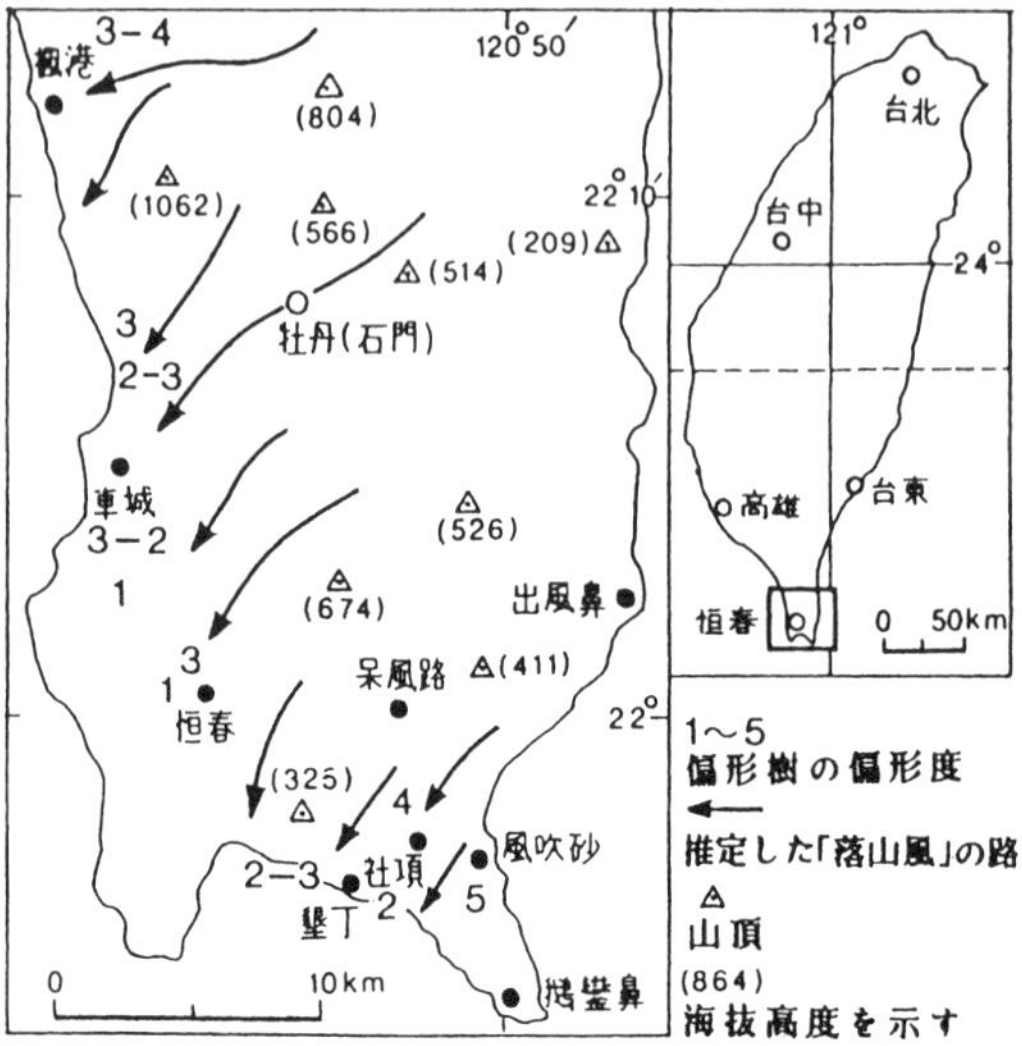

図34　台湾最南端部の「風」地名の分布

ないとのことである。一般的には食用にされておらず、漢方として使っているという。

偏形樹で偏形度を観察した結果は図34に示すとおりである。楓港付近から南に偏形度三〜四が出現し、社頂の東方丘陵上などには偏形度四〜五の樹（写真24）があった。卓越風向はどこもほぼ北北東だが、微地形によって多少ずれる。図34には推定した落山風の流線を入れたが、これは今後のくわしい調査によって書き直されるべきものである。北東の気流が、南部の石門峡谷、大武山谷および満州郷脈の谷などを流れて、風下側に強く吹き降りてくると、土地の人々もいう。

また、社頂の近くにレーダーサイトがある。その近くにある、埔頂坑仔内（Puting Kengtzu）という二〇軒ぐらいの農家集落を訪問する機会があった。五〇《メートル》くらいの深さに台地を刻み込んだ小さい谷の中に軒を接するように農家があり、古い家は鉄のワイヤーで屋根を地面にしばりつけている（写

写真24　台湾南端の社頂の偏形樹
（1989年3月28日撮影）

写真25　台湾最南端の埔頂坑仔内の家
屋根と地面のロープで結び，右端には重しの石と結んでいる（1989年3月28日撮影）

写真26　スリランカの「カッチャン」が吹くケッペティポーラの中学校の校舎と屋根
鉄のワイヤーでしっかりと地上と結び，屋根には土のうを置く．それでも屋根をとばされた跡がある（1981年7月撮影）

真25）。

スリランカでは夏の南西モンスーンが中央山地を越すと、風下側に強いフェーン現象をともなう局地風「カッチャン」をもたらす。そこでもやはり同じように屋根がとばされるのを防ぐために写真26にみるようにワイヤーでしばってあるが、台湾南部と同じ人間の対応形態である。社頂の近くの農地の周りはアダン（中国名は林投）の防風林がときには数《メートル》の高さになっている。

南端にはこういう強い風と関連した地名が多い。図34には風吹砂、出風鼻、呆風路などの地名を記入した。事実、風吹砂付近では、冬は強い北東の風で砂が内陸に吹き運ばれ砂の山を築く。夏の南西モンスーンのときには雨をともなう強風で、また海岸に吹きもどされる。ときには二・五《キロ》にもおよぶ砂の河もあるという。このように「落山風」の影響は土地利用ばかりでなく、地名にまで反映している。

六　中国と日本の雲南

中国の雲南

一九八四年ころから私は中国の雲南省の南部の西双版納で気候と農業に関係するプロジェクト研究を始めた。私の小学生や中学生時代は、学校で使う地図帳で中国の部分をみていると、濃い茶色でぬられており、高度が高く、山また山でけわしく、とてもそこへ行って見ることができるとは思えなかった。しかし、だんだん時代が変わって、中国の学者との共同研究も可能となって、海南島などでも研究できるようになってみると、あこがれの雲南にもいけそうな気配になってきた。そして、とうとうそれが実現した。動植物の宝庫、多様な少数民族、高い山やまと深い谷、それに私の専門である気候や気象についてもまた、これほど興味ある地域は、世界的にみても他に多くはないと思う。こういうところでフィールド研究ができたのは、日本人の研究者として冥利につきるというものである。共同研究の成果は三冊の英文の論文集として刊行されているし、『雲南フィールドノート』という書物も一九九二年に刊行した。さて、ここで、中国の雲南の地名について話をもどそう。

雲南の名の由来は、二つ考えられている。その一は、「漢の武帝の元狩元（紀元前一二二）年に、美しい雲が南中（現在の雲南省）に現れた。使者をやって雲南の名をつけた」という。しかし、雲南県とか雲南郡などの名が文献にでてくるのは紀元後の二、三世紀である。その二は、「雲嶺山地の南にある」土地の意という。「蜀（四川省の別名）の犬は太陽を見て吠える」といわれるとおり、雲南省の北の四川省は、とくに冬、太陽に恵まれない。太陽がでると犬がおそれて吠えたてるというのである。そのように雲に覆われた毎日である。四川省の南限の山脈までが、雲また雲で、その山脈の南側の雲南省になると太陽が輝く。気候学的にも理にかなっているので、二番目の理由を取りたいが、ここで性急な結論はいいましめておこう。

雲南省の省都昆明はいわゆる常春の都市である。中国名では〝春城〟という。最寒月の一月で月平均気温七、八度、最暖月の七月で月平均気温一九・九度である。北緯二五度に位置するが、雲貴高原の中部で海抜高度が高いので空気は澄み生活しやすい。市の南西に滇池《てんち》という大きな湖があり、局地的に気候を和らげる作用もしている。

さて、雲南はなぜ動植物が豊富なのだろうか。その理由の第一は、複雑な地形にある。最高五〇〇〇〇《メートル》から、最低八〇《メートル》の谷底まで、しかも、その大きな谷が何本も南北に走っている。地質時代の時間スケールでみると、寒冷な氷期とやや温暖な間氷期がくり返している。このような気候の変化に対応して、寒冷な時代には南方系の動植物はより暖かい地域へと移動し、北方系の動植物は生活の場を寒冷な地域に拡大してゆく。逆に温暖な時代がくると、南方系の動植物はこれまで寒冷だった地域に生活の場を拡大し、北方系のものは生活の場を退いてゆく必要に迫られる。

このような長年をかけた生活の場の拡大・縮小に際して、水平的に移動する場合は長い距離を動かねばならない。それにたいして、垂直的に移動する場合は、比較的短い距離ですむ。ちょうど、東京の住人が、夏、涼しいところに行く場合、水平的に移動するならば北海道あたりまでゆかねばならないが、垂直的に移動するならば、中部地方の山岳地帯にゆけばよく、比較的短い距離で同じ涼しさを得ることができる。地質時代のスケールでみても同じことである。

さらに、雲南の地理的位置が重要である。すなわち、雲南の南部は現在の気候下でいって、熱帯の

写真27　中国雲南省の省都昆明の東風東路

写真28　中国青海省の北東郡の日月山頂
（右は著者．1984年11月撮影）

北限、温帯の南限である。したがって、わずかの気候変動が、南方系の動植物、北方系の動植物の分布に敏感に反映してくる位置にあるわけである。このように、雲南の地形と地理的位置がつくりだした気候条件によって、動植物の数は非常に多くなった。統計によれば、中国では高等動植物は二万六千種にのぼるが、そのうち約半数の一万三千種が雲南にあるという。観賞植物も多く、わが国の植物園に行けば、雲南原産という種が非常に多いことはご承知のことと思う。

写真27は雲南省の省都である昆明市の中心街である東風東路の表示である。「東風」は中国では「長城」と同じくらいの代表的というか、トレイドマーク的な名である。「東風」の名のトラックもある。毛主席の語録や思想にも重要な要素となっている。

写真28は青海省の北東部、省都の西寧と青海湖

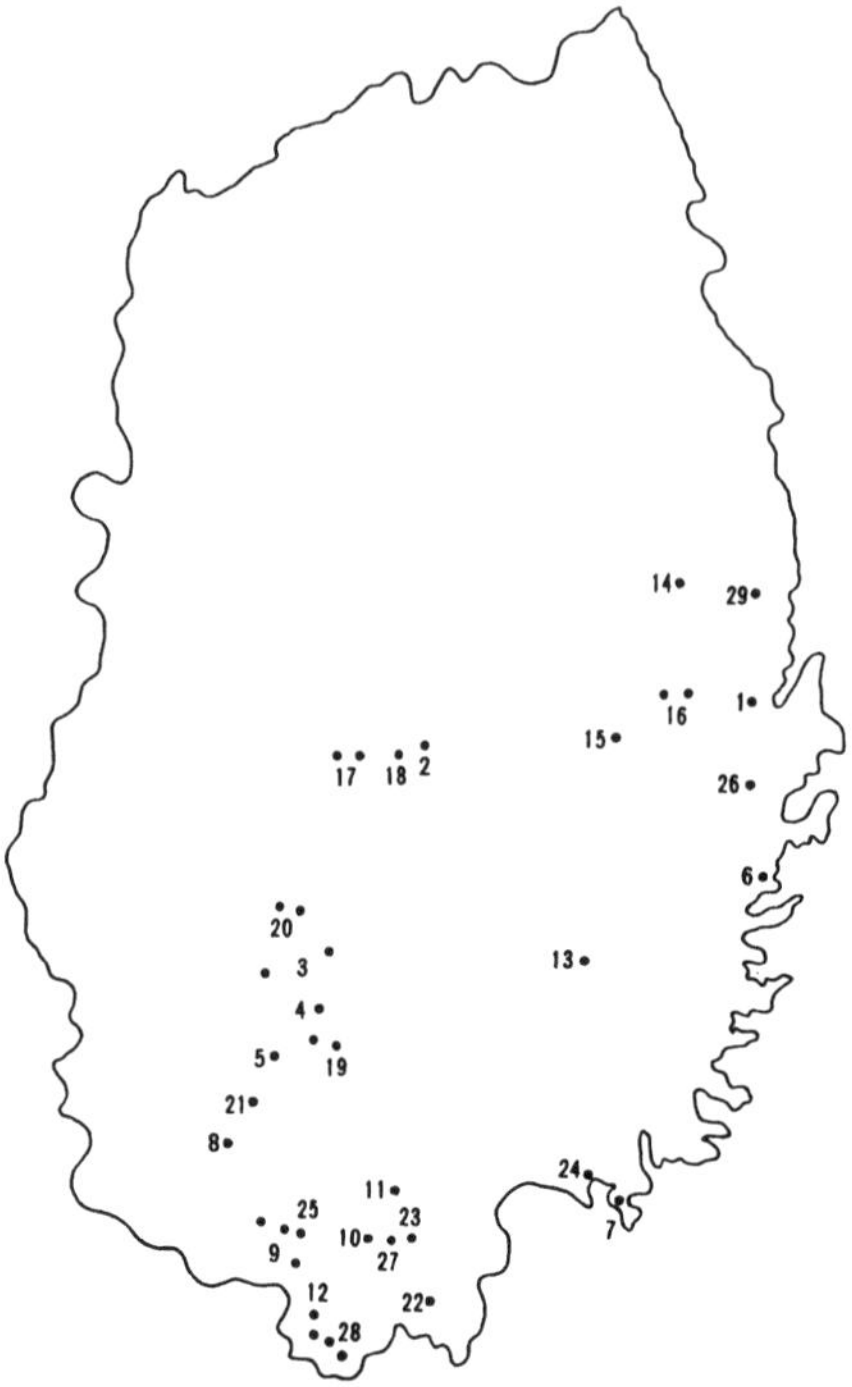

図35　岩手県における「雲南」地名の分布
（小島俊一　1983年による）

（海抜三三六六《メートル》）の間の境界をなす山脈、日月山の山頂で撮った写真。地形的な脊梁山脈であることは気候的・土地利用的にも境界をなし、この山脈の西側はチベット高原の放牧地域、東側は農耕地域をなす。

呉鶴軒という人が書いた『青蔵高原的低雲』という書物によると、日月山の東側には南東方向から温暖で湿った空気が入ってくるので、五七〇〇～五八〇〇《メートル》くらいの厚い雲におおわれる。雲底の高度も西側に比較して低く、一二〇〇《メートル》くらいである。日月山はむしろ天文地名かも知れないが、気候的には太陽（日）と太陰（月）ほどの差が両側で認められる気候地名としてもよかろう。

日本の雲南

わが国ではめずらしい雲南（うんなん）という地名が岩手県中部と南部、さらに宮城県にかけて分布する。これを分布図（図35）にして小島俊一は示した。北上川流域の南部農村に多く、雲南の他、運南、運名根、海男、宇南、宇名、卯名、卯南なども同じ系列としている。宇加の神（穀物の神）から転じた福神か、農耕神か不明で、水神、水霊（うなぎや、へび、落雷）が関係する土俗神であるという。

雲南田とか、雲南沢のように田とか沢がその下に連結している。これは水田地帯に多いことを意味し、右記のような理由につらなると考えられる。図35の数字は、それぞれ次のところにある。

雲南（〜田　〜沢）

（1）宮古根市〜沢。（2）大迫内川目。（3）北上口内、相去〜田、平沢〜沢。（4）江刺藤里、岩谷堂〜田。（5）水沢佐倉河。（6）大槌吉里吉里。（7）高田小友。（8）衣川上〜田。（9）一関赤萩、中里、弥栄〜田。（10）千厩岩清水。（11）大東摺沢〜田。（12）花泉永井〜沢、金沢〜田。（13）遠野上郷佐比内、花泉中村。

運名根（14）岩泉上有芸。

海　南（15）川井小国。

海男　海女

（16）新里腹帯、茂市〜淵。

宇南（〜田　〜沢）

(17)紫波西長岡、南伝法寺。(18)大迫亀ケ森〜田。(19)江刺簗川。(20)北上飯豊。(21)胆沢南都田。(22)藤沢新沼〜田。(23)千厩小梨。(24)高田〜沢。(25)一関山目。

宇名田(26)山田豊間根。

卯名田(27)千厩清田。

卯南田(28)花泉金沢。

ウナ子(29)岩泉中里。

陸前高田市の研究によると、雲南にはたいてい雲南様(雲南神社)がまつられている。雲南様は水神であって、田の神様でもある。日照りつづきで水が不足するときには雨乞いが行われる。この雨乞いには、山頂に火をたくものと、水辺に火をたくものと二つの形態があるが、雲南様の場合は水辺の雨乞い行事の場である。祭神をうなぎとするのは、雲南権現の本地仏が虚空蔵菩薩でその使者がうなぎだからである。

雨乞いの結果、川面に黒いうなぎが現れると雨、白いうなぎが現れると日照りがまだつづくというらないであった。それで、元来はウンナンはうなぎのことで、「うなぎ」が「うんなん」に変わったものだと細谷敬吉はしている。しかし、所によって、うんなんは山椒魚であり、イモリでもある。これは形が似ているからだとする考えもある。

アイヌ語で解釈すると、Unu Kamui を母神とするという説と、ウムは「そこに、又は下に」であり、ニムは「樹木」または「樹林のきわ」の意味だという。もっとも、熊谷卓二の考えは屋号を強く意識しており、雲南の屋号は、雑木林のすぐきわに家がある場合という。たとえば三陸の唐桑町、唐丹町などがそうだとしている。

いずれにしても、日本の「雲南」は隣邦中国のように雲の多い地域の南ではなく、あて字と考えてさしつかえなかろう。しかし、あて字にしても、どうして雲という字を選んだのかの疑問はのこる。日本中、他の地域では雲（うん）というあて字を使う場合がまったくないのだからである。

なお、岩手県における雲の反対の陽（日）あたりにかんする地名を紹介しておこう。

岩手県の日向・日当地名の分布は図36に示す通りである。日あたりのよい所は日向、日当、日吉などの表現があり、ヒナタの古語がヒウラ、日裏、日浦であるという。図1、図3、図4とは資料が異なり、

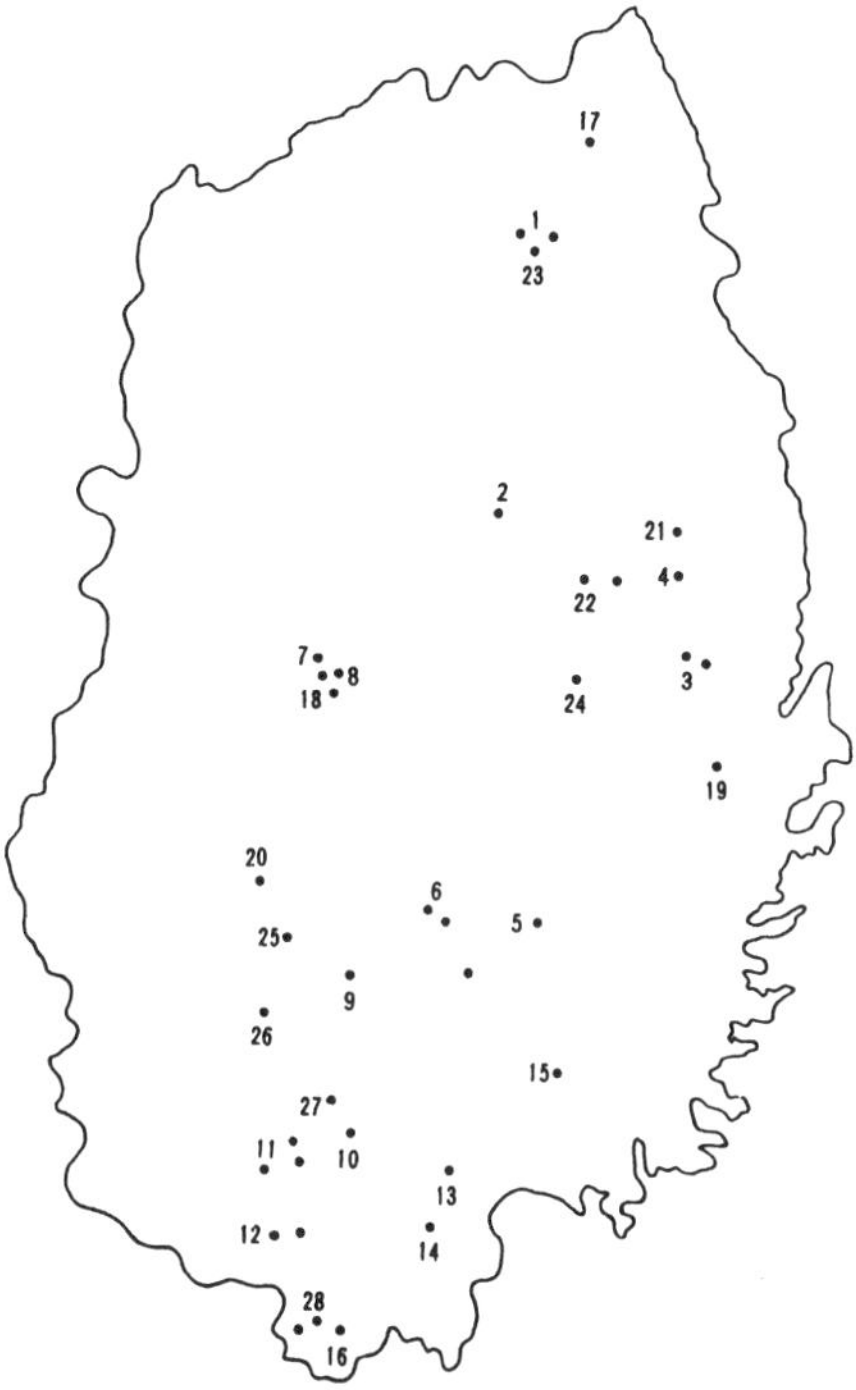

図36　岩手県における「陽（日）」あたり地名の分布（小島俊一　1983年による）

調査の密度が異なると、これだけくわしい分布がわかることの一例としても紹介しておきたい。

図36の数字は次の通り対応する。

日向

（1）山形、荷軽部、繋。（2）玉山、藪川。（3）新里、茂市、刈屋。（4）岩泉、浅内、下有芸。（5）遠野、青笹、小友。（6）宮守、上宮守、下鱒沢。（7）都南、黒川。（8）紫波、長岡、江柄。（9）江刺、広瀬。（10）前沢、生母、古城。（11）衣川、下衣川。（12）一関、田原、川欠。（13）大東、沖田。（14）千厩、奥玉。（15）住田、世田米。（16）花泉、老松、金沢。

日当

（17）大野、阿子木。（18）紫波、大巻。（19）山田、豊間根。（20）日向（ヒムカイ）、花巻上根子。（21）日向前、岩泉猿沢。（22）～ノ沢、岩泉尼額。（23）～畑、山形井川。（24）～角地、川井鈴久名。（25）日山（ヒヤマ）、北上二子。（26）日干（ヒボシ）、金ケ崎西根。（27）日廻、水沢羽田。（28）日吉（ひよし）、花泉清水。

七　気候にかんする姓名

地名と姓名

すでに4章の四沖縄の南風原と東風平のところで、地名や姓名（氏名《うじ》）とのいろいろ興味ある関係を示した。また、雷という姓は中国に多いが、日本ではきわめてまれであることも前に示した。ここではもう少し他の例をあげてみたいと思う。地名と姓名との関連については専門に研究していられる方があるだろうと思うが、私はまだ不勉強で、そういう先達の業績を知らない。したがって、ここで書くことはまったくの予察的な研究の結果だとおことわりをしておきたい。

ロンドンの気候姓名

ロンドンの電話帳（London Postal Area, British Telecom: The Phone Book, Nov., 1986）は厚い四冊からなり、全部で三二〇〇ページを越す。一ページに約四二〇の電話番号がのっているから、総計で一三四万を越す。もちろん企業名を含むが、ここでは個人名だけを調査の対象とした。

結果は表18に示す通りである。単数形と複数形があるが別々に集計した。この表をみると、多い順にウインター（Winter　冬）、フロスト（Frost　霜）、サマー（Summer　夏）で、ぐんと少なくなってスノウ（Snow　雪）である。この他は、一〇〇以下である。ウインターやスノウなど冬に関連した姓名が多いことは注目に値しよう。おもしろいのは、少ないなかでもスプリング（Spring　春）は九五でやや多いが、秋はまったくないことである。雨・風などの一般的な気候要素はやや多い方であるが、前記のウインターさんに比較すれば一〇分の一である。

表18　ロンドンの気候に関連した姓名

気候要素名	英語気候要素名（アルファベット順）	氏名件数	小計	同左の%
雲	Cloud	2		
	—— s	2	4	0.2
霧	Fog	0		
	—— g	43	43	2.0
霜	Frost	512	512	24.0
霞	Haze	1	1	0.05
災害	Hazard	13	13	0.6
雨	Rain	2		
	—— bird	34		
	—— bow	25		
	—— ford	9		
	—— sford	6		
	—— s	13	89	4.2
影，陰	Shade	12		
	—— s	5	17	0.8
雪	Snow	116		
	—— ball	12		
	—— den	多し		
	—— man	8	136＋	6.4
春	Spring	83		
	—— field	0		
	—— ford	12	95	4.45
嵐	Storm	4		
	—— s	1		
	—— er	5	10	0.4
夏	Summer	15		
	—— field	59		
	—— hill	4		
	—— ill	2		
	—— s	245		
	—— scale（s）	4		
	—— ville	4	333	15.6
	Somers	59		
	—— field	4		
	—— ford	2		
	—— ville	98	163	7.7
	Sommer	11		
	—— s	11		
	—— ville	24		
	—— field	2		
	—— felt	2		
	—— feld	7		
	—— freund	1	58	2.7
雷	Thunder	2		
	—— er	1	3	0.1
風	Wind	1		
	—— bank	17		
	—— eler	4		
	—— wood	1		
	—— ybank	2		
	—— ibank	4		
	—— le	16		
	—— mill	8		
	—— ridge	4		
	—— sor	多し	57＋	2.7
冬	Winter	537		
	—— s	45		
	—— flood	10		
	—— ford	2		
	—— man	4	598	28.1
合計		2,132	2,132	100.0

（資料は，London Postal Area の電話帳，British Telecom: The Phone Book, Nov. 1986による．Sec. 101: A–D, 851p., Sec. 102: E–K, 797p., Sec. 103: L–R, 871p., Sec. 104: S–Z, 683p. 1ページに企業名を含め約420件名あり）

地名でも、日本では秋春が多く、夏冬は少ないのにたいし、ドイツ・オーストリア・スイスでは秋春が少なく夏冬が多いという特徴を示した。姓名もロンドンでは夏冬が多い。このことは、地名と姓名が同じ傾向をもっていることを示す。

さきに、中国では雷という姓名が多いことをのべたが、ロンドンではきわめて少ない。

なお、サマーとウインターで対照的に異なるように単数形が多い名と、複数形が多い場合があることに注目しなければならない。

シカゴの気候姓名

アメリカは移民社会とすると、どのような姓名が多いのか興味がある。シカゴの約八一万の加入者名から、英語とドイツ語系の名で、気候要素にかかわるものをひろいだして、集計したのが表19である。

この表をみると、やはり夏と冬がきわだって多い。秋はやはり皆無だが、スプリングはかなり多い。ロンドンとはこの点が異なる。フロストさんやスノウさんはかなり少なく、これもロンドンとは異なる。おもしろいのはゲイル（Gale　はやて）さんという姓がかなりあることである。

ロンドンでも同じだが、単数形が多い語と、複数形が多い語とがある。たとえば、レインさんよりレインズさんが圧倒的に多い。サマーさんよりサマーズさんが一〇倍も多い。しかし、ストームさんは多く、ストームズさんは少ない。この点はロンドンもシカゴも共通している。これらは英語学的に何か法則があるのかもしれない。気候学的に、または気象学的には単数であるべきか、複数であるべきかは主張できないと思う。ウインターとウインターズは、シカゴとロンドンで単数形と複数形の多少の関係が逆である。しかし、サマーとサマーズについては同じである。これらの点も説明はなかなかむずかしい。しかし、このように明らかな差は、何か理由があるに違いない。今後の研究がまたれる。

表19　シカゴの気候に関連した姓名

気候要素名	英語・独語気候要素名（アルファベット順）	氏名件数	小計	同左の%	備　　考
秋	Autumn	0	0	0	会社名 Autumn Leaves 1件
稲妻	Blitz	4	4	0.4	他に会社名5件
雲	Cloud	25	25	2.7	
雷	Donner	10			
	—— s	4			
	—— ebereger	2	16	1.7	
霧	Fog	1			
	—— g	3			
	—— gs	3			
	—— gey	2			
	—— land	1	10	1.1	
霜	Frost	50	50	5.3	
はやて	Gale	58	58	6.2	
雹	Hail	2			
	—— er	1			
	—— s	1	4	0.4	
霞	Haze	3	3	0.3	
雨	Rain	0			
	—— bow	0			店名1件
	—— s	12			
	—— sford	5			
	—— ville	5			
	—— water	1			
	—— y	1	24	2.6	
	Regen	0			
	—— stein	3			
	—— er	0	3	0.3	会社名3件
日当，輝	Schein	4			
	—— berg	2			
	—— er	2			
	—— feld	3	11	1.2	
陰，影	Shadow	1	1	0.1	他に会社名2件
雪	Snow	68	68	7.3	
夏	Somer	2			
	—— s	23			
	—— ville	26	51	5.4	
	Sommer	33			
	—— er	2			
	—— s	19			
	—— feld	8			

	—— field	4			
	—— ville	12	78	8.3	
	Summer	7			
	—— feld	2			
	—— field	7			
	—— hill	2			
	—— s	87			
	—— ville	18	123	13.1	
(太)陽，日当	Sonne	5			
	—— berg	1			
	—— feld	1			
	—— feldt	2			
	—— man	2			
	—— nberg	13			
	—— nblick	2			
	—— nfeld	3			
	—— nfeldt	1			
	—— nschein	4	34	3.6	
春	Spring	13			
	—— er	83			
	—— field	13			
	—— feld	0	109	11.7	
嵐	Storm	14			
	—— s	3			
	—— field	1	18	1.9	
雷	Thunder	2			
	—— bird	0	2	0.2	企業名５件
風	Wind	9			
	—— berg	1			
	—— feld	1			
	—— field	3			
	—— gard	1	15	1.6	
冬	Winter	81			
	—— s	139			
	—— feld	3			
	—— field	0			
	—— green	4			
	—— hof	2			
	—— stein	1	230	24.6	
合　計		937	937	100.0	

（資料は Illinois Bell, July 1986, 1470p. による．1 page に約550件あり，個人，企業を含む）

アムステルダムの気候姓名

オランダのアムステルダムの電話帳（1991, Telefoongids, ptt telecom）のうちアムステルダム中心と南東と空港地域の冊から、まず風にかんする姓名をあげると次のようなものがある。Wind, Windau, Winde, Windekind, Windemuth, Winden, Winder, Windgassen, Windhorst, Windhoud, Windhouwer, Windig, Windmeijer, Windrick, Windt, Windzak.

このうち、ウインド（風　Wind）が四一で最多、Windtが二八が次多である。しかし、ストーム（Storm　あらし）は七二を数え、さすがアイスランド低気圧が北海にやってきて、あらしをよぶ国だと感心する。ウインター（Winter　冬）は一二〇、ウインターズ（Winters）は二一、これにさらに別の語がつくもの一〇である。ウインター（冬）がソンマー（ズ）夏より圧倒的に多い。さらに興味あるのは、単数形のウインターが複数形のウインターズより五倍も多い。これはロンドンと同じ傾向で、ヨーロッパの特徴なのかも知れない。

日照・日射条件がわるいためか、出現数はそれぞれ少ないが太陽関係の姓名の種類が多い。たとえば、Sonne, Sonneborn, Sonnefeld, Sonnehoekje, Sonnemans, Sonnen, Sonnenberg, Sonnenburg, Sonnenfeld, Sonnenshein, Sonnenveld などである。

5章　気候地名の分類と特徴が示すもの

このように日本と外国の地名から気象に関係あるものを調べてきたが、それらの分類と特徴が何を示しているかを最後まとめてみよう。

（1）局地気候条件を反映する地名

風早・霜降橋・雷電町・日向・日影・風越峠・尾呂志・風嵐などはいずれも局地的な気象現象あるいは気候条件を端的に示す地名である。日本でも外国でも、これに属する気候地名がもっとも多い。ただし、このような気候要素の文字がなくても気候を現す地名はたくさんある。日本にはアイヌ語の地名として、次のようなものがある。ウララポロ（浦幌）、霧の多い所・大きい霧という意味である。またメナシトマリ（目梨泊）、これは東風泊または東風をよける港という意味である。またピカタトマリ（日方泊）は南風泊または南風をさける港という意味である。このような地名は局地気候を端的に示すものである。

（2）気候変動の指標となる地名

現在の気候とは違った昔の気候条件を示す地名がある。たとえば、あしかじま（海鹿嶋）という島は日本では五カ所位しられている。しかし、現在これらの島にはあしかは住んでいない。昔は、現在と違った気候条件下で、あしかが住んでいたと思われる。

（3）神社祭礼と結びついた地名

風祭・阿夫利神社・霜宮・雨降山などは、それぞれの神事と関連したもの、あるいは雨の前兆となる現象をもたらす山、山の名あるいは集落の名などである。

（4）季節変化の指標となる地名・山名

長野県にある白馬岳または代馬岳、これはしろかきという農耕作業の時期を表す白馬の残雪模様が出る山についた名で、季節変化の指標となるものである。

（5）ある気象現象のないことを期待する地名がある。たとえば、「風無」は強い風が吹かないことを祈る地名である。

つぎに種々の興味ある事実を列記しておきたい。

（1）四季の春・夏・秋・冬にかんした地名では、日本では秋と春が多いのにたいし、ヨーロッパでは夏と冬が多い。

（2）わが国では中央山岳地帯には日向・日影など地形に起因した日照・日射条件を反映する気候地名が多く、関東平野の千葉・茨城では冬の空っ風を反映する風地名が日射地名より多い。

（3）沖縄の南風原（はえばる）・東風平（こちんだ）のような風そのものを表記する地名でも、かならずしも風条件を反映したものでなく、たんなる方位の表記と考えておきたい。
（4）気候地名は気候姓名と密接な関係にある。ヨーロッパでは冬と夏を表現する姓名が非常に多いことなどはその一例である。

『気候地名をさぐる』を読む

菊池勇夫

「気候地名」とは何であろうか。著者の吉野によれば、自然地名のうちの、日・風・雨など、「気候」が「表記あるいは内に込められた地名」を指している。気象地名とも呼ばれてきたがそれは正しくないという。「気候」とは「長い年月についてのある土地の大気の状態」、「気象」とは「ある時刻における大気現象」すなわち時々刻々と変化していく天気のことで、ある土地と結びついて地名化するのは「気候」のほうだからである。

近年、大震災や風水害が頻発し、身近に不安を感じるようになった。そのことから、過去に災害が発生した危険な場所（地形）を地名から明らかにし防災に役立てようという「災害地名」を取り上げた研究や書物が目に触れるようになった。気象が引き起こす災害と地名の関わりは当然あるとしても、本書にいう「気候地名」がすなわち「災害地名」ということにはならない。

「気候地名」の研究は、ある地点（小地域）の気候特性を表わす地名を通して、その地に住む人びとの気候や季節に対する認識をとらえることに目的がある。それには自然科学・人文科学の多方面からのアプローチと、日本国内にとどまらない、歴史・文化の異なる世界の諸地域との比較文化研究が必要といい、地名研究の一分野として「気候地名」学を立ち上げようとする熱い思いが語られている。本書に続いて『気候地名集成』（古今書院、二〇〇一年）が刊行されている。「気候地名」を標榜した書物はこの二書のほかには類書がないようなので、「気候地名」への関心を呼び覚ます復刊となることを期待したい。

このように「気候地名」は説明されているが、私自身この言葉とは疎遠であった。これまで日本近世の歴史について北日本地域を対象として、東北地方の凶作・飢饉研究をひとつの柱としてきた。そのため、ヤマセ（冷害、日和乞）や日照り（旱害《かんがい》、雨乞）、あるいは中長期における気候変動（変化）など、多少は気象・天候に関心を持ってきた。また、そうではなくても、常日頃、歴史（文字）史料を読むなかで、村名や小名《こな》などの地名に接しており、地域史・村落史と関わってその意味するところを問うことはあった。東北・北海道ならば、本書でも扱っているが、アイヌ語地名を避けて通ることはできない。

とはいえ、地名学をこころざしたことはなく、必要に応じてその成果を参照してきたという程度である。地理学・気候学の分野に身を置く著者は、「気候地名」は学際的テーマであるとして、人文科学のうち地名学・民俗学・比較文化学を具体的にあげるが、歴史学はそこにはない。学際的とはいっても学問領域の垣根を越えて学びあうのは、言うは易いが実際はなかなか難しい。歴史学といくらかでも風通しをよくするために、接点を見出しながら、我田引水的になるが、少し考えてみることにしよう。本書はヨーロッパや中国など外国の気候地名も対象とし、国際比較の視野のうえに成り立っているのが特色であるが、ここでは日本地名に限り、それも北日本の事例に偏ることをお断りしておきたい。

気候地名は、日射に関するもの（日・影・隠・陽・陰など）、風に関するもの（風・吹・嵐など）、降水に関するもの（雲・雨・霧・雪・雷など）、地表付近の現象に関するもの（露・霞・霜など）に分類され、そのうち「ケタはずれに多い」のが日という文字がつく地名であると指摘されている。とくに日向（ひなた・ひゅうが）、日浦（ひうら）、日の出、日当（ひあて）、日の平（ひのひら）など、日射条件にめぐまれていることを示す地名が非常に多く、また日照・日射条件のよくない日の影（日影）、日の陰（日陰）、日隠（ひがくれ）などといったマイナスの地名もある。日向の分布図が示され、中部地方が多く、それに東北が次ぐが、日影など日射条件の悪い地名も同様の分布をなしている（四国に集中する日浦は日向の古語という）。

この日射・日照に関係して、岩手県には日のついた興味ある地名があるとして日干（ひぼし）・日平（にっぺい）などいくつかあげている。その一つに日照田（ひでた、ひでりた）、日照（ひでる）がある。一九四二〜四七年現在の全国の大字地名を網羅した『日本歴史地名総索引』（日本地名学研究所編）を用い、江戸時代（近世）のものとして日のつく地名をすべて抜き出しているが、日照（ひでり）も現在では消えてしまった地名であった。ちなみに、日照・日照田の地名は『日本地名総覧』（角川日本地名大辞典別巻Ⅱ）によると、青森・福島（日照田）、長野（日照田村）、岐阜（日照高原）の各県で確認される。

日照・日照田をとくにあげたのは、岩手県の県南を含む仙台藩の一八世紀後期の代表的な地誌『安永風土記（風土記御用書出）』の屋敷名に日照田のあったことを思い起こしたからである。屋敷は中世の在家《ざいけ》に由来し、居家を居久根（イグネ）と呼ぶ屋敷林でかこみ、周辺の田畑とで構成される居住・耕作空間をいい、小地名化している。日当たりがよすぎて旱害を受けやすい耕地なのか気にかかる呼称であった。『宮城県史』二四〜二八（ほかに補遺の巻あり、その後も発見され各自治体史に所収）に翻刻されているのであらためて確認してみると、「ひなた」と振り仮名のある日向・日当・太陽の屋敷名がかなりの村に存在し、日照・日照田は数が少ないものの、磐井《いわい》郡や宮城郡に散見することが知られた（本書には岩手県における日向・日当地名の分布図を掲載）。日影もめだつほどに多くはないが、日向に対応する地名であることがわかる。本書においては「資料が二〇万分の一地勢図」であるから、字《あざ》・小字《こあざ》は含まないとする。この地誌には小名も記載されるが（村によって精粗あり）、小名より下位の屋敷名は中世以来、どのように村落・農村が開発されてきたのか手がかりを与えてくれる素材となっている。

仙台藩には、寛永一七（一六四〇）～二一年の一斉検地による検地帳（検地野帳、および名寄せした検地帳、それより前のものもあり）が比較的よく残存し、田畑には小名が記載されている。近世を通して土地の基本台帳となった。元和四年（一六一八）の「葛西流《ながれ》之郡志津《（清水）》村」には、「ひてり　上田八畝廿歩」とみえる（『花泉町史』資料編、現岩手県一関市）。また、柴田郡富沢村（現宮城県）の寛永一九年検地帳には、ひなた・日かけ（かげ）・ひてり田の小名がみられ、ひなたは下畑・下々畑、日かけは上田・中田・上々畑・中畑・下畑、ひてり田は中田・下田となっていた（『柴田町史』資料篇Ⅱ）。同じ日照・日照田でも村によって田位の高下がみられ、ひなたよりひかげのほうが高いこともある。弘前藩になるが、元禄三年（一六九〇）の村位では赤石組の日照田村（現青森県鰺《あじ》ヶ《が》沢《さわ》町）が上であった（『平山日記』）。冷害を受けやすい稲作限界地では日照田が有利に働くということであろう。ここではそれぞれの土地の事情に立ち入る用意はないので、歴史の素材を用いた気候地名の調査・研究の可能性を述べるにとどめておきたい。

風に関する地名では、冬の季節風が強い関東平野の群馬県には、吹上（ふきあげ）・吹張（ふっぱり）、風張（かざっぱり）などといった地名が多いという。空っ風や赤城おろしという上州のイメージからすれば納得がいく。風吹（かざふき）峠、吹腰（ふっこし）ノ峠、風越（かざこし）峠など、峠には風のつく地名が目立つようだ。暴風がないことを祈ってつけた風無（かざなし）のような地名もあるという。なかでも、風の名を地名に取り入れた例として東風泊（こちどまり）、南風泊（はえどまり）をあげ、また、北海道の日方泊（ぴかたとまり、ひかたは南西・南西風）、メナシトマリ（メナシは東・東風、山田秀三の研究による）に触れている。沖縄の地名、南風原（はえばる・へーばる）、東風平（こちんた・くちんだ）についても詳しく述べている。

北海道の例は、ひかたやメナシの強風が吹いたときに船がそれを避ける泊（港）のことという。松浦武四郎の『蝦夷日誌（三航蝦夷日誌）』をみると、一九世紀前期、西蝦夷地（日本海側）を中心にトマリ・泊地名が多数存在し、右のほかにも、アイトマリ（アイノ風、北風）、ヤマセトマリ（東風、メナシに同じ）があり、風ではないが、ノタトマリ（ノタは大浪の松前方言）という泊もみられる。メナシ（メナシ）はアイヌ語、ほかのトマリ以下は和語であるが、西海岸における鰊《にしん》漁の展開とともにこうした避難港地名が増え、アイヌ語と和語の合成、あるいは和語のアイヌ語化が進んだと考えることができる。

本書には取り上げられていないが、ある特定の風名と結びついた例として、前出の仙台藩『安永風土記』の屋敷名には各郡に西風屋敷がかなりの頻度で出てくる。振り仮名をみると、いずれも西風を「ならい」と読んでいる。むろん屋敷名だけではなく、検地帳の小名などにもみられる。前出『日本地名総覧』によれば、岩手県に西風堰《ならいぜき》（照井堰、一関市・平泉町）・西風館（遠野市）がある。ただ、西屋敷のような場合には西はふつう「にし」と読まれている。ならいについては、柳田國男の「風位考」（『柳田國男全集』二〇）が通説化しているだろうか。「ナライ」は「連なる嶺々の側面と併行して、吹き通る風」「山並と同じ方向に、吹いてくる風」で、「山から直角に吹いてくる風」の「ヤマゼ」とは区別されるものであった。

したがって、「ナライ」は地域によっては東風・東北風を指すが、宮城県や岩手県では冬の季節風である西風、北西風をもっぱら呼んでいた。奥羽山脈が「連なる嶺々」にあたる。このような西風の季節風は、著者のいう気候や季節に対する認識ということになるが、人々の暮らしにどのような影響を与えたのか。屋敷林のイグネを住まいのとりわけ西側および北側に廻らせて風雪を防いだのは、こうした西風（ならい）対策であった。ならいの言葉には、中世以来の開拓の風土性、歴史が刻まれているようだ。

東北地方のとくに太平洋側では、梅雨・夏期の東風・東北風を凶作風・飢饉風として恐れたが、ならいのように地名化した例があるのだろうか。東風・東北風は太平洋沿岸ではおおむね岩手県宮古以北がヤマセ（山背・山瀬）、それより南はコチとなるが、『安永風土記』をはじめ近世史料に地名として出てくるのをみたことがない。むろん精査を必要とするが、大凶作には数十年の間隔があり、毎年襲ってくるものでもないことが関係しているのだろうか。著者に従えば、ヤマセは気候というより、気象的ということか。

最後に雲である。本書は気候要素による外国と日本の地名比較を行っている。そのなかで、日本と中国・韓国は日・陽に関係するものが頻度第一位であるが、第二位は日本が風であったのに対して（ドイツ・イギリスでは風が第一位）、中国・韓国では雲が第二位という。そこで中国の「雲南」に着目し、なぜ雲南と呼ばれたのか、気候学的にその北の四川省が雲に覆われた毎日で、その南側の雲南省では太陽が輝くことから名づけられたかと、性急な結論を戒めながら推測している。

この雲南という地名であるが、日本にも岩手県中南部から宮城県にかけての北上川流域南部の農村に多く分布しているとして取り上げている。雲南田や雲南沢のように田・沢と連結して、水田地帯の多いことを意味し、水神・田の神、雨乞、虚空蔵菩薩《こくうぞうぼさつ》（雲南権現の本地仏、その使者がうなぎ）との関わりを述べる。結論からいえば、雲の字は「あて字」として考えてよいものであった（ほかにも、運南・宇南などとも書く）。それにしても、なぜ「雲」の字が選ばれたのか疑問は残るとしている。

このウンナンは、中世の荘園遺跡として知られる陸奥国磐井郡骨寺《ほねでら》（現一関市厳美《げんび》町本寺地区）の往時の景観を示す中尊寺領「骨寺村絵図」に書き込まれた「宇那根社」「宇那根」「うなね」「宇那根田」をめぐって、骨寺荘園遺跡研究のなかで議論されてきた。ここでは省かざるを得ないが、歴史学における地名研究の一端をなしている（入間田宣夫『中尊寺領骨寺村絵図を読む』高志書院、二〇一九年、各年度の一関市博物館『骨寺村荘園遺跡村落調査研究報告書』所収の関連論考など）。

本書を読みながら、地域の暮らしのレベルで、気候がどのように認識され、地名ともなっていくのか想像をかきたてられた。気候地名をどのように歴史研究に生かしていくことができるのか、そのようなことを意識させられた一冊であった。

（一関市博物館館長、宮城学院女子大学名誉教授）

本書の原本は、一九九七年に学生社より刊行されました。

著者略歴
一九二八年　東京都に生まれる
一九五一年　東京文理科大学卒業
法政大学教授、筑波大学教授、愛知大学教授、国際連合大学上席学術顧問、国際地理学連合副会長、日本地理学会会長などを歴任。理学博士
二〇一七年　没

〔主要著書〕
『気候学』（大明堂、一九七八年）、『世界の気候・日本の気候』（朝倉書店、一九七九年）、『新版 小気候』（地人書館、一九八六年）、『気候地名集成』（古今書院、二〇〇一年）、『歴史に気候を読む』（学生社、二〇〇六年）、『気候学の歴史』（古今書院、二〇〇七年）、『古代日本の気候と人びと』（学生社、二〇一一年）

読みなおす日本史

気候地名をさぐる

二〇二四年（令和六）九月二十日　第一刷発行

著　者　吉《よし》野《の》正《まさ》敏《とし》
発行者　吉川道郎
発行所　株式会社　吉川弘文館
郵便番号一一三―〇〇三三
東京都文京区本郷七丁目二番八号
電話〇三―三八一三―九一五一〈代表〉
振替口座〇〇一〇〇―五―二四四
https://www.yoshikawa-k.co.jp/
組版＝株式会社キャップス
印刷＝藤原印刷株式会社
製本＝ナショナル製本協同組合
装幀＝渡邉雄哉

ISBN978-4-642-07677-7

刊行のことば

現代社会では、膨大な数の新刊図書が日々書店に並んでいます。昨今の電子書籍を含めますと、一人の読者が書名すら目にすることができないほどとなっています。ましてや、数年以前に刊行された本は書店の店頭に並ぶことも少なく、良書でありながらめぐり会うことのできない例は、日常的なことになっています。

人文書、とりわけ小社が専門とする歴史書におきましても、広く学界共通の財産として参照されるべきものとなっているにもかかわらず、その多くが現在では市場に出回らず入手、講読に時間と手間がかかるようになってしまっています。歴史の面白さを伝える図書を、読者の手元に届けることができないことは、歴史書出版の一翼を担う小社としても遺憾とするところです。

そこで、良書の発掘を通して、読者と図書をめぐる豊かな関係に寄与すべく、シリーズ「読みなおす日本史」を刊行いたします。本シリーズは、既刊の日本史関係書のなかから、研究の進展に今も寄与し続けているとともに、現在も広く読者に訴える力を有している良書を精選し順次定期的に刊行するものです。これらの知の文化遺産が、ゆるぎない視点からことの本質を説き続ける、確かな水先案内として迎えられることを切に願ってやみません。

二〇一二年四月

吉川弘文館

読みなおす日本史

境界争いと戦国諜報戦　盛本昌広著　二二〇〇円

邪馬台国をとらえなおす　大塚初重著　二二〇〇円

百人一首の歴史学　関　幸彦著　二二〇〇円

江戸城　将軍家の生活　村井益男著　二二〇〇円

沖縄からアジアが見える　比嘉政夫著　二二〇〇円

海の武士団　水軍と海賊のあいだ　黒嶋　敏著　二二〇〇円

呪いの都　平安京　呪詛・呪術・陰陽師　繁田信一著　二二〇〇円

平家物語を読む　古典文学の世界　永積安明著　二二〇〇円

坂本龍馬とその時代　佐々木　克著　二二〇〇円

不動明王　渡辺照宏著　二二〇〇円

女人政治の中世　北条政子と日野富子　田端泰子著　二二〇〇円

大村純忠　外山幹夫著　二二〇〇円

佐久間象山　源　了圓著　二二〇〇円

源頼朝と鎌倉幕府　上杉和彦著　二二〇〇円

近畿の古墳と古代史　白石太一郎著　二四〇〇円

東国の古墳と古代史　白石太一郎著　二四〇〇円

昭和の代議士　楠　精一郎著　二二〇〇円

春日局　知られざる実像　小和田哲男著　二二〇〇円

伊勢神宮　東アジアのアマテラス　千田　稔著　二二〇〇円

中世の裁判を読み解く　網野善彦・笠松宏至著　二五〇〇円

アイヌ民族と日本人　東アジアのなかの蝦夷地　菊池勇夫著　二四〇〇円

空海と密教　「情報」と「癒し」の扉をひらく　頼富本宏著　二二〇〇円

吉川弘文館
（価格は税別）